essentials

Essentials liefern aktuelles Wissen in konzentrierter Form. Die Essenz dessen, worauf es als „State-of-the-Art" in der gegenwärtigen Fachdiskussion oder in der Praxis ankommt. *Essentials* informieren schnell, unkompliziert und verständlich

- als Einführung in ein aktuelles Thema aus Ihrem Fachgebiet
- als Einstieg in ein für Sie noch unbekanntes Themenfeld
- als Einblick, um zum Thema mitreden zu können

Die Bücher in elektronischer und gedruckter Form bringen das Fachwissen von Springerautor*innen kompakt zur Darstellung. Sie sind besonders für die Nutzung als eBook auf Tablet-PCs, eBook-Readern und Smartphones geeignet. *Essentials* sind Wissensbausteine aus den Wirtschafts-, Sozial- und Geisteswissenschaften, aus Technik und Naturwissenschaften sowie aus Medizin, Psychologie und Gesundheitsberufen. Von renommierten Autor*innen aller Springer-Verlagsmarken.

Anna Mues · Astrid Wirth · Tina Schiele · Frank Niklas

Digitale Medien kompetent in Kitas einsetzen

Eine Übersicht verschiedener Möglichkeiten und Ressourcen

Anna Mues
Empirische Pädagogik und Pädagogische
Psychologie
Ludwig-Maximilians-Universität München
München, Deutschland

Tina Schiele
Empirische Pädagogik und Pädagogische
Psychologie
Ludwig-Maximilians-Universität München
München, Deutschland

Astrid Wirth
Institut für Bildungswissenschaft
Universität Wien
Wien, Österreich

Frank Niklas
Pädagogische Psychologie und
Familienforschung
Ludwig-Maximilians-Universität München
München, Deutschland

ISSN 2197-6708   ISSN 2197-6716 (electronic)
essentials
ISBN 978-3-662-69758-0   ISBN 978-3-662-69759-7 (eBook)
https://doi.org/10.1007/978-3-662-69759-7

Die Deutsche Nationalbibliothek verzeichnet diese Publikation in der Deutschen Nationalbibliografie; detaillierte bibliografische Daten sind im Internet über https://portal.dnb.de abrufbar.

Dieses Werk wurde gefördert durch Past District Governor Reinhard Höpfl, Rotary Distrikt 1880.

© Der/die Herausgeber bzw. der/die Autor(en) 2025. Dieses Buch ist eine Open-Access-Publikation.
Open Access Dieses Buch wird unter der Creative Commons Namensnennung 4.0 International Lizenz (http://creativecommons.org/licenses/by/4.0/deed.de) veröffentlicht, welche die Nutzung, Vervielfältigung, Bearbeitung, Verbreitung und Wiedergabe in jeglichem Medium und Format erlaubt, sofern Sie den/die ursprünglichen Autor*in(nen) und die Quelle ordnungsgemäß nennen, einen Link zur Creative Commons Lizenz beifügen und angeben, ob Änderungen vorgenommen wurden.
Die in diesem Buch enthaltenen Bilder und sonstiges Drittmaterial unterliegen ebenfalls der genannten Creative Commons Lizenz, sofern sich aus der Abbildungslegende nichts anderes ergibt. Sofern das betreffende Material nicht unter der genannten Creative Commons Lizenz steht und die betreffende Handlung nicht nach gesetzlichen Vorschriften erlaubt ist, ist für die oben aufgeführten Weiterverwendungen des Materials die Einwilligung des jeweiligen Rechteinhabers einzuholen.
Die Wiedergabe von allgemein beschreibenden Bezeichnungen, Marken, Unternehmensnamen etc. in diesem Werk bedeutet nicht, dass diese frei durch jede Person benutzt werden dürfen. Die Berechtigung zur Benutzung unterliegt, auch ohne gesonderten Hinweis hierzu, den Regeln des Markenrechts. Die Rechte des/der jeweiligen Zeicheninhaber*in sind zu beachten.
Der Verlag, die Autor*innen und die Herausgeber*innen gehen davon aus, dass die Angaben und Informationen in diesem Werk zum Zeitpunkt der Veröffentlichung vollständig und korrekt sind. Weder der Verlag noch die Autor*innen oder die Herausgeber*innen übernehmen, ausdrücklich oder implizit, Gewähr für den Inhalt des Werkes, etwaige Fehler oder Äußerungen. Der Verlag bleibt im Hinblick auf geografische Zuordnungen und Gebietsbezeichnungen in veröffentlichten Karten und Institutionsadressen neutral.

Planung/Lektorat: Wiebke Wuerdemann

Springer ist ein Imprint der eingetragenen Gesellschaft Springer-Verlag GmbH, DE und ist ein Teil von Springer Nature.
Die Anschrift der Gesellschaft ist: Heidelberger Platz 3, 14197 Berlin, Germany

Wenn Sie dieses Produkt entsorgen, geben Sie das Papier bitte zum Recycling.

Was Sie in diesem *essential* finden können

- Einführung in die digitale Bildung in Kitas
- Digitale Bildung in den Bildungsplänen
- Digitalisierung in Kitas
- Tableteinsatz in der Kita
- Praktische Tipps und Ideen für den Medieneinsatz in der Kita
- (Digitale) Materialien

Vorwort

Kinder wachsen heutzutage in einer digitalen Umwelt auf und sie sind schon in frühen Jahren in täglichem Kontakt mit Smartphones, Tablets, Computern und dem Fernseher. Auch wenn diese Geräte zunächst nicht von ihnen selbst bedient und aktiv genutzt werden, so spielen sie im kindlichen Alltag dennoch eine nicht unbedeutende Rolle. (Neue) Medien gelten deshalb längst als eine wesentliche Sozialisationsinstanz, die die kindliche Entwicklung mitbeeinflussen. Dieser Umstand stellt Eltern vor die Herausforderung, einen adäquaten Umgang mit digitalen Medien zu gestalten und zu vermitteln – eine Aufgabe, die sich nicht immer leicht lösen lässt. Umso wichtiger ist es, dass bereits junge Kinder auch im formellen Bildungskontext und damit in den Kindertageseinrichtungen fachkundig und mit Umsicht an digitale Medien und deren Nutzung herangeführt werden. Dazu müssen allerdings die pädagogischen Fachkräfte selbst eine ausreichende Medienkompetenz aufweisen und benötigen entsprechende Unterstützung. Solch eine Unterstützung bietet das vorliegende Buch, das auf Vorarbeiten aus dem Projekt „Rotary4Kitas" basiert.

„Rotary4Kitas" wurde als Kooperationsprojekt zwischen dem Rotary e. V. Deutschland (Distrikt 1880 unter der Leitung des Governors und Projektinitiators Prof. Reinhard Höpfl) und der Arbeitsgruppe von Prof. Dr. Frank Niklas an der Ludwig-Maximilians-Universität München (unter Mitarbeit von Ass.-Prof. Astrid Wirth, Dr. Anna Mues und Tina Schiele, M. Ed.) durchgeführt. Ziel des Projektes war es, Kindertagesstätten darin zu unterstützen, digitale Medien sinnvoll in den Alltag der Einrichtungen zu integrieren und neben der Bereitstellung einer technischen Ausstattung in Form von Tablets und Lern-Apps, gleichzeitig auch inhaltliche Unterstützung durch theoretische Hintergrundinformationen sowie Empfehlungen für die Praxis zu leisten. Es verknüpfte also die technische Ausstattung der Einrichtungen mit der inhaltlichen Unterstützung der pädagogischen Fachkräfte. Das Projekt war sehr erfolgreich und in den teilnehmenden Einrichtungen konnten digitale Medien gewinnbringend in der Arbeit mit den Kindern verwendet werden. Zusätzlich berichteten die teilnehmenden pädagogischen Fachkräfte von einer deutlichen Steigerung des medienbezogenen Fachwissens, des medienbezogenen Handelns, ihrer Selbstwirksamkeit und damit insgesamt ihrer Medienkompetenz.

Dieses Springer *essential* bietet – basierend auf den Erkenntnissen von „Rotary4Kitas" – zunächst einen kurzen theoretischen Überblick über die digitale Bildung im Elementarbereich, das Thema Medienkompetenz und die Medienintegration in die Kita-Praxis. Im Schwerpunkt bietet es zusätzlich konkrete Ideen, Beispiele und Praxis-Tipps für die Mediennutzung in der Kita, insbesondere im Hinblick auf die Verwendung von Tablets und Apps in der alltäglichen Arbeit mit den Kindern, und richtet sich dabei an pädagogische Fachkräfte, Einrichtungsleitungen und das in der Professionalisierung angehender pädagogischer Fachkräfte tätige Fachpersonal. Wir hoffen Ihnen damit ein sinnvolles, wissenschaftlich fundiertes und praktisches Unterstützungsangebot bieten zu können.

Ganz explizit danken möchten wir an dieser Stelle Herrn Prof. Reinhard Höpfl, ohne den dieses Projekt niemals ins Leben gerufen worden wäre und der mit größtem Einsatz zu dessen Gelingen beigetragen hat! Ein ganz besonderer Dank gilt auch Jana Schuster, die uns als studentische Hilfskraft bei der Erstellung der Materialien und des Buches mit großem Einsatz unterstützt hat!

München
im August 2024

Frank Niklas
(im Namen des
„Rotary4Kitas"-Teams)

Geleitwort

„Digitale Medien kompetent in Kitas einsetzen – Eine Übersicht verschiedener Möglichkeiten und Ressourcen"
Was zeichnet dieses Buch aus?

Dieses Buch legt seinen Fokus auf eine Heranführung an eine digitale Arbeit in Kitas und beschreibt die Herangehensweise, den Umgang und im Besonderen Umsetzungs- sowie Unterstützungsmöglichkeiten für die medienbasierte Arbeit mit Kindern durch pädagogische Fachkräfte mit einem Fokus auf Tablets als digitales Medium.

Wie ist dieses Buch aufgebaut?

In diesem Springer *essential* finden Sie zunächst einen Abriss zur Verankerung digitaler Bildung in den Bildungs- und Orientierungsplänen des Elementarbereiches sowie anschließend eine theoretische Einführung zur Digitalisierung in Kitas und der Definition von Medienkompetenz in der frühkindlichen Bildung. Darauf folgt ein Kapitel zur Nutzung von Tablets in Kitas mit aktuellen Forschungsergebnissen zur Förderung frühkindlicher Kompetenzen. Abschließend finden Sie Ideen und Materialien zum gezielten Einsatz von Tablets für und während der pädagogischen Arbeit in der Kita.

An wen richtet sich dieses Buch?

Dieses Springer *essential* richtet sich an pädagogische Fachkräfte im Elementarbereich, gleichermaßen an Lehrkräfte, die in der Professionalisierung angehender pädagogischer Fachkräfte arbeiten sowie an Eltern und alle anderen interessierten Personen, die sich im Elementarbereich und darüber hinaus mit Kindern beschäftigen.

Begrifflichkeiten

Der Begriff „Digitale Bildung" findet in dieser Publikation aus Gründen der Übersichtlichkeit als Überbegriff zweier Dimensionen Verwendung. Zum einen beschreibt er die Förderung kindlicher Medienkompetenz mit Hilfe von digitalen Medien und zum anderen die Förderung weiterer frühkindlicher Kompetenzbereiche durch den Einsatz digitaler Medien. Unter „Digitalen Medien" werden in diesem Buch alle digitalen Geräte und Technologien sowie ihre Verwendung in der Kita-Praxis verstanden. Dies können zum Beispiel Digitalkameras, Computer, E-Book-Reader aber auch Tablets und deren Applikationen (Apps) sein.

▶ **Liebe Lesende,**
dieses Buch enthält elektronisches Zusatzmaterial, welches weiterführende Informationen, Hinweise zu Webseiten, Links und Apps sowie weiteres Material für Sie beinhaltet. Über einen Link zu Anfang jedes Kapitels gelangen Sie auf das jeweilige Zusatzmaterial. Wir wünschen Ihnen viel Spaß damit!

Inhaltsverzeichnis

1 Einleitung 1
  Literatur 2
2 Digitale Bildung in den Bildungsplänen 5
  Literatur 7
3 Digitalisierung in Kitas 9
  3.1 Medienkompetenz 11
  3.2 Medienintegration in der Kita 13
  Literatur 17
4 Tablets in der Kita 21
  Literatur 28
5 Praktische Tipps und Ideen für die Medienarbeit in der Kita 31
  5.1 Rahmenbedingungen und Information für die Medienarbeit
      im Kitaalltag 32
      5.1.1 Die Nutzung digitaler Medien an die Eltern
            herantragen 33
      5.1.2 Datenschutz in der Einrichtung 35
      5.1.3 Digitale Dokumentation im Kitaalltag 37
  5.2 Mediennutzung zur Förderung einzelner Bildungsbereiche 38
      5.2.1 Sprache und Kommunikation 38
      5.2.2 Mathematik und Naturwissenschaften 42
      5.2.3 Musik, Ästhetik und Kreativität 45
      5.2.4 Soziale und (inter-)kulturelle Bildung 49
      5.2.5 Digitale Gesundheitserziehung 52
  Literatur 56

Was Sie aus diesem *essential* mitnehmen können 57

Einleitung 1

Was hält dieses Kapitel bereit?

- Einführung in die Bedeutsamkeit der digitalen Welt für das kindliche Aufwachsen
- Digitalisierung von Kitas

Digitale Medien und Technologien sind fester Bestandteil der Lebenswelt von Kindern (Chaudron et al., 2018; Palaiologou, 2016) und werden von klein auf mit Faszination und Begeisterung genutzt (Medienpädagogischer Forschungsverbund Südwest, 2023; Kuger et al., 2021; Reichert-Garschhammer, 2021).

Obwohl der Auftrag zur Integration digitaler Bildung in Bildungsplänen seit 2004 besteht, wird dies in der Praxis nur begrenzt umgesetzt (Brüggemann, 2018; Friedrichs & Meister, 2015). Die Herausforderungen liegen unter anderem im Spannungsfeld zwischen den Chancen und Risiken digitaler Bildung, der mangelnden Infrastruktur und Fortbildungsmöglichkeiten sowie den individuellen Einstellungen der pädagogischen Fachkräfte (Council of Europe, 2019; BMBF, 2016; Cohen & Hemmerich, 2019; Knauf, 2019; Schubert et al., 2018; Stiftung Kinder forschen, 2021). Nur etwa ein Drittel der Kitas integriert digitale Medien in ihre Arbeit und nur wenige haben verbindliche Medienkonzepte (Schubert et al., 2018; Stiftung Kinder forschen, 2017).

Um dies zu ändern, sind nicht nur eine angemessene Ausstattung und Zugangsmöglichkeiten erforderlich, sondern auch klare Rahmenbedingungen und praktische Unterstützung für die pädagogischen Fachkräfte.

Dieses Buch bietet einen Überblick über die Bedeutung der digitalen Bildung in Kitas, insbesondere den Einsatz von Tablets, sowie praktische Anleitungen zur Umsetzung im Kitaalltag. Im Mittelpunkt steht die digitale Unterstützung spielerischen Lernens und der alltäglichen Arbeit pädagogischer Fachkräfte. Und nun wünschen wir Ihnen viel Spaß beim gemeinsamen spielerischen Lernen!

Literatur

Brüggemann, M. (2018). *Zwischen Bewahren und Fördern – Professionalisierung der frühen Medienbildung*. KiTa Fachtexte.

Bundesministerium für Bildung und Forschung. (2016). *Bildungsoffensive für die digitale Wissensgesellschaft: Strategie des Bundesministeriums für Bildung und Forschung*.

Chaudron, S., Di Gioia, R., & Gemo, M. (2018). Young children (0–8) and digital technology – A qualitative study across Europe. *Publications Office of the European Union*. https://doi.org/10.2760/294383.

Cohen, F., & Hemmerich, F. (2019). *Nutzung digitaler Medien für die pädagogische Arbeit in der Kindertagesbetreuung: Kurzexpertise im Auftrag des Bundesministeriums für Familie, Senioren, Frauen und Jugend*. https://www.forum-transfer.de/fileadmin/uploads/Bibliothek/Kurzexpertise_Digitalisierung_Kindertagesbetreuung.pdf.

Council of Europe (Hrsg.) (2019). *Leitlinien zur Achtung zum Schutz und zur Verwirklichung der Rechte des Kinds im digitalen Umfeld* [Übersetzung gefördert durch das BMFSFJ]. https://rm.coe.int/168092dd25.

Friedrichs, H., & Meister, D. M. (2015). Medienerziehung in Kindertagesstätten – Nachhaltigkeitsüberlegungen im Anschluss an eine Fortbildungsinitiative. *MedienPädagogik: Zeitschrift Für Theorie Und Praxis Der Medienbildung*, 22, 1–23. https://doi.org/10.21240/mpaed/22/2015.05.28.X.

Knauf, H. (2019). Digitalisierung in Kindertageseinrichtungen. Ergebnisse einer Fragebogenerhebung zum aktuellen Stand der Nutzung digitaler Medien. Bielefeld Working Paper 3. https://doi.org/10.25656/01:17999.

Kuger, S., Walper, S., & Rauchenbach, T. (2021). *AIDA. Aufwachsen in Deutschland 2019: Alltagswelten von Kindern, Jugendlichen und Familien*. wbv.

Medienpädagogischer Forschungsverbund Südwest. (2023). *KIM-Studie 2022 Kindheit, Internet, Medien: Basisuntersuchung zum Medienumgang 6- bis 13-Jähriger*. https://www.mpfs.de/fileadmin/files/Studien/KIM/2022/KIM-Studie2022_website_final.pdf.

Palaiologou, I. (2016). Children under five and digital technologies: Implications for early years pedagogy. *European Early Childhood Education Research Journal*, 24(1), 5–24. https://doi.org/10.1080/1350293X.2014.929876.

Reichert-Garschhammer, E. (2021). Digitalisierung in Kindertageseinrichtungen. In R. Braches-Chyrek, C. Röhner, J. Moran-Ellis, & H. Sünker (Hrsg.), *Handbuch Kindheit, Technik und das Digitale* (S. 319–337). Verlag Barbara Budrich.

Literatur

Schubert, G., Brüggen, N., Oberlinner, A., Eggert, S., & Jochim, V. (2018). *Haltungen von pädagogischem Personal zu mobilen Medien, Internet und digitalen Spielen in Kindertageseinrichtungen: Bericht der Teilstudie „Mobile Medien und Internet im Kindesalter – Fokus Kindertageseinrichtungen".* JFF – Institut für Medienpädagogik in Forschung und Praxis. https://www.jff.de/fileadmin/user_upload/jff/projekte/mofam/JFF_MoFam2_Studie_2018_fachkraefte.pdf.

Stiftung Kinder forschen. (2017). *„Wie nutzen Erzieherinnen und Erzieher digitale Geräte in Kitas?": Eine repräsentative Telefonumfrage.* Stiftung Kinder forschen. https://www.stiftung-kinder-forschen.de/fileadmin/Redaktion/Ansatz_und_Wirkung/Wissenschaftliche_Begleitung/Studien_und_Expertisen/S_Wie_nutzen_Erzieher_digitale_Geräte_2017_.pdf.

Stiftung Kinder forschen. (2021). *Positionspapier: „Digitalpakt Kita – Frühe Bildung für die Welt von morgen stärken".* Stiftung Kinder forschen. https://www.stiftung-kinder-forschen.de/fileadmin/Redaktion/4_Ueber_Uns/Positionen/Digitalisierung/2307_PoPa_Digitalpakt_Kita_neu.pdf.

Open Access Dieses Kapitel wird unter der Creative Commons Namensnennung 4.0 International Lizenz (http://creativecommons.org/licenses/by/4.0/deed.de) veröffentlicht, welche die Nutzung, Vervielfältigung, Bearbeitung, Verbreitung und Wiedergabe in jeglichem Medium und Format erlaubt, sofern Sie den/die ursprünglichen Autor(en) und die Quelle ordnungsgemäß nennen, einen Link zur Creative Commons Lizenz beifügen und angeben, ob Änderungen vorgenommen wurden.

Die in diesem Kapitel enthaltenen Bilder und sonstiges Drittmaterial unterliegen ebenfalls der genannten Creative Commons Lizenz, sofern sich aus der Abbildungslegende nichts anderes ergibt. Sofern das betreffende Material nicht unter der genannten Creative Commons Lizenz steht und die betreffende Handlung nicht nach gesetzlichen Vorschriften erlaubt ist, ist für die oben aufgeführten Weiterverwendungen des Materials die Einwilligung des jeweiligen Rechteinhabers einzuholen.

Digitale Bildung in den Bildungsplänen 2

> Was hält dieses Kapitel bereit?
>
> - Überblick über die Rahmenbedingungen der Bildungsarbeit in den Bildungsplänen der Länder
> - Wissenschaftliche Erkenntnisse zur digitalen Bildung in den Bildungsplänen

Die Jugend- und Kultusministerkonferenz gab 2004 Rahmenbedingungen für die Bildungsarbeit in Kitas heraus, welche als nationale Grundlage für die pädagogische Arbeit in den einzelnen Bundesländern formuliert wurden (Jugend- und Familienministerkonferenz & Kultusministerkonferenz, 2004). Auf diesen Rahmenbedingungen basierend wurden in jedem Bundesland Bildungspläne[1] verfasst, welche als Leitgedanken für die pädagogische Arbeit in den Kitas verwendet werden können, jedoch keinen verpflichtenden curricularen Rahmen des Elementarbereiches darstellen.

Obwohl in einem großen Teil der vorhandenen Bildungspläne medienpädagogische Themen bislang eher indirekt adressiert wurden (Kratzsch, 2016), zeigt sich nach neuestem Kenntnisstand und nach einer Überarbeitung der Bildungspläne eine stärkere Präsenz und Betonung medienpädagogischer Themen, was sich vermutlich auf die zunehmende Digitalisierung und ihre Relevanz in der

---

[1] Der Begriff Bildungsplan wird hier und im Folgenden als übergeordneter Begriff für die verschiedenen Bildungs-, Erziehungs-, oder Orientierungspläne, Rahmenpläne, Bildungs-, und Erziehungsempfehlungen, Bildungsprogramme oder Leitlinien der Länder verwendet.

Lebenswelt der Kinder zurückführen lässt (Friedrichs-Liesenkötter, 2019; Wirth et al., 2023). Ein zentraler Grundgedanke lautet somit, dass Kinder sich durch, über und mit Medien bilden sollen (Bayerisches Staatsministerium für Arbeit und Sozialordnung, Familie und Frauen & Staatsinstitut für Frühpädagogik München, 2016).

Aktueller Forschungsstand
Lienau und van Roessel (2019) stellen fest, dass die Förderung von (Medien-) Kompetenz in nahezu allen Bildungsplänen vorhanden ist, dabei wird überwiegend ein kritisch-reflexiver Umgang mit Medien und Medieninhalten betont. Folgende übergreifende Themen werden darüber hinaus in den Bildungsplänen mit einer (sehr) umfassenden Verankerung des Medienthemas häufig genannt:

- Bedeutsamkeit von Medienkompetenz und Erziehung
- Medien als ein Mittel zur gesellschaftlichen Teilhabe
- Bedeutsamkeit von Medien zur Identitätsentwicklung
- Anpassung der medienpädagogischen Arbeit an das Alter und den Entwicklungsstand der Kinder
- Orientierung der medienpädagogischen Arbeit an die Lebenswelt der Kinder
- Verfolgung eines situationsorientierten oder vom aktiven Kind ausgehenden Ansatzes im Kontext der medienpädagogischen Arbeit (Lienau & van Roessel, 2019).

Zu ähnlichen Ergebnissen kam auch Friedrichs-Liesenkötter (2019). Sie stellt in ihrer Analyse heraus, dass die Bildungspläne auf das Potenzial der Medien und die Bedeutsamkeit der Förderung des Erwerbs von Medienkompetenz verweisen, um Kinder zu befähigen, Risiken und Problemen kritisch und reflexiv zu begegnen. Wirth et al. (2023) berichten in einer aktuellen Analyse, dass in fast allen Bildungsplänen die Förderung der kindlichen Medienkompetenzen sowie die Förderung von Kompetenzen anderer Bildungsbereiche, wie etwa der sprachlichen Bildung, mittels digitaler Medien Erwähnung finden.

Trotz der Verankerung des Themenbereiches in den Bildungsplänen der Länder ist eine aktive Umsetzung in der Praxis angesichts der vielfältigen Bedürfnisse und Ausstattungen der Kitas bislang eher selten (Friedrichs & Meister, 2015; Nationaler Bildungsbericht, 2020, Schubert et al., 2018; Stiftung Kinder forschen, 2017). Zudem zeigen sich großen Unterschiede auf Länderebene in den Empfehlungen zur Förderung bestimmter Kompetenzen im Elementarbereich, welche sich auf Träger- und Einrichtungsebene verstärken (Schubert et al., 2018). Neben Herausforderungen wie der technischen Ausstattung oder allgemeinen materiellen und zeitlichen Ressourcen spielen dabei auch der persönliche Zugang der pädagogischen Fachkräfte und ihre individuellen pädagogischen Einstellungen und Haltungen zu digitalen Medien eine Rolle (Brüggemann, 2018; Cohen & Hemmerich, 2019; Schubert et al., 2018). Handlungsbedarf besteht demnach nicht nur hinsichtlich einer besseren technischen Ausstattung, sondern auch einer zeitgemäßen medienpädagogischen Aus-, Fort- und Weiterbildung pädagogischer Fachkräfte im Elementar- und Primarbereich, um die rahmengebenden Bildungspläne adäquat und qualitativ hochwertig in der Praxis umsetzen zu können (Friedrichs-Liesenkötter, 2019, Ständige wissenschaftliche Kommission der Kultusministerkonferenz, 2022; Stiftung Kinder forschen, 2021).

Literatur

Bayerisches Staatsministerium für Arbeit und Sozialordnung, Familie und Frauen, & Staatsinstitut für Frühpädagogik. (2016). *Der Bayerische Bildungs- und Erziehungsplan für Kinder in Tageseinrichtungen bis zur Einschulung.* (7. Bd.).

Brüggemann, M. (2018). *Zwischen Bewahren und Fördern – Professionalisierung der frühen Medienbildung.* KiTa Fachtexte.

Cohen, F., & Hemmerich, F. (2019). *Nutzung digitaler Medien für die pädagogische Arbeit in der Kindertagesbetreuung: Kurzexpertise im Auftrag des Bundesministeriums für Familie, Senioren, Frauen und Jugend.* https://www.forum-transfer.de/fileadmin/uploads/Bibliothek/Kurzexpertise_Digitalisierung_Kindertagesbetreuung.pdf.

Friedrichs, H., & Meister, D. M. (2015). Medienerziehung in Kindertagesstätten – Nachhaltigkeitsüberlegungen im Anschluss an eine Fortbildungsinitiative. *MedienPädagogik: Zeitschrift Für Theorie Und Praxis Der Medienbildung, 22*, 1–23. https://doi.org/10.21240/mpaed/22/2015.05.28.X.

Friedrichs-Liesenkötter, H. (2019). „Wo Medienbildung draufsteht, steckt nicht unbedingt Medienbildung drin": Eine Dokumentanalyse von Bildungsplänen und Curricula in Ausbildung und Studium zur frühkindlichen Medienbildung und -erziehung. *Medienimpulse, 57*(1).

Jugend- und Familienministerkonferenz & Kultusministerkonferenz. (2004). *Gemeinsamer Rahmen der Länder für die frühe Bildung in Kindertageseinrichtungen.: Beschluss der JMK vom 13./14.05.2004 und Beschluss der KMK vom 03./04.06.2004 i. d. F. vom 06.05.2021 (JFMK) und 24.03.2022 (KMK).* https://www.kmk.org/fileadmin/veroeffentlichungen_beschluesse/2004/2004_06_03-Fruehe-Bildung-Kindertageseinrichtungen.pdf.

Kratzsch, J. (2016). Bildungspläne: Handlungsleitfäden für die Verstetigung medienpädagogischer Arbeit im Elementarbereich. In J. Lauffer & R. Röllecke (Hrsg.), *Dieter Baacke Preis: Bd. 11. Krippe, Kita, Kinderzimmer – Medienpädagogik von Anfang an: Medienpädagogische Konzepte und Perspektiven: Beiträge aus Forschung und Praxis, prämierte Medienprojekte* (S. 79–84). kopaed.

Lienau, T., & van Roessel, L. (2019). Zur Verankerung von Medienerziehung in den Bildungsplänen für Kindertageseinrichtungen. *MedienPädagogik: Zeitschrift Für Theorie*

Und Praxis Der Medienbildung, 126–155. https://doi.org/10.21240/mpaed/00/2019.12. 01.X.

Nationaler Bildungsbericht. (2020). *Bildung in einer digitalisierten Welt*. https://www.bildun gsbericht.de/de/schwerpunktthemen/bildung-in-einer-digitalisierten-welt-2020/bildung-in-einer-digitalisierten-welt-2020.

Schubert, G., Brüggen, N., Oberlinner, A., Eggert, S., & Jochim, V. (2018). *Haltungen von pädagogischem Personal zu mobilen Medien, Internet und digitalen Spielen in Kindertageseinrichtungen: Bericht der Teilstudie „Mobile Medien und Internet im Kindesalter – Fokus Kindertageseinrichtungen"*. JFF – Institut für Medienpädagogik in Forschung und Praxis. https://www.jff.de/fileadmin/user_upload/jff/projekte/mofam/JFF_MoFam2_Studie_2018_fachkraefte.pdf.

Ständige Wissenschaftliche Kommission der Kultusministerkonferenz. (2022). *Digitalisierung im Bildungssystem: Handlungsempfehlungen von der Kita bis zur Hochschule. Gutachten der Ständigen Wissenschaftlichen Kommission der Kultusministerkonferenz (SWK)*. SWK: Bonn. https://doi.org/10.25656/01:25273.

Stiftung Kinder forschen. (2017). *„Wie nutzen Erzieherinnen und Erzieher digitale Geräte in Kitas?": Eine repräsentative Telefonumfrage*. Stiftung Kinder forschen. https://www.stiftung-kinder-forschen.de/fileadmin/Redaktion/Ansatz_und_Wirkung/Wissenschaft liche_Begleitung/Studien_und_Expertisen/S_Wie_nutzen_Erzieher_digitale_Geräte_2017_.pdf.

Stiftung Kinder forschen. (2021). *Positionspapier: „Digitalpakt Kita – Frühe Bildung für die Welt von morgen stärken"*. Stiftung Kinder forschen. https://www.stiftung-kinder-for schen.de/fileadmin/Redaktion/4_Ueber_Uns/Positionen/Digitalisierung/2307_PoPa_Dig italpakt_Kita_neu.pdf.

Wirth, A., Lohr, A., Sailer, M., & Niklas, F. (2023). Digitales Niemandsland? Eine Bestandsaufnahme der digitalen Bildung an deutschen Kindertageseinrichtungen. In K. Scheiter & I. Gogolin (Hrsg.), *Edition ZfE. Bildung für eine digitale Zukunft* (Bd. 15, S. 27–55). Springer Fachmedien Wiesbaden. https://doi.org/10.1007/978-3-658-37895-0_2.

Open Access Dieses Kapitel wird unter der Creative Commons Namensnennung 4.0 International Lizenz (http://creativecommons.org/licenses/by/4.0/deed.de) veröffentlicht, welche die Nutzung, Vervielfältigung, Bearbeitung, Verbreitung und Wiedergabe in jeglichem Medium und Format erlaubt, sofern Sie den/die ursprünglichen Autor(en) und die Quelle ordnungsgemäß nennen, einen Link zur Creative Commons Lizenz beifügen und angeben, ob Änderungen vorgenommen wurden.

Die in diesem Kapitel enthaltenen Bilder und sonstiges Drittmaterial unterliegen ebenfalls der genannten Creative Commons Lizenz, sofern sich aus der Abbildungslegende nichts anderes ergibt. Sofern das betreffende Material nicht unter der genannten Creative Commons Lizenz steht und die betreffende Handlung nicht nach gesetzlichen Vorschriften erlaubt ist, ist für die oben aufgeführten Weiterverwendungen des Materials die Einwilligung des jeweiligen Rechteinhabers einzuholen.

3 Digitalisierung in Kitas

Was hält dieses Kapitel bereit?

Medienkompetenz
- Definitionen von Medienkompetenz
- Wichtige Aspekte von Medienkompetenz

Medienintegration in der Kita
- Bedarfsplanung zum Einsatz digitaler Medien in der Kita
- Erkenntnisse aus der Wissenschaft
- Richtlinien für ein intelligentes Risikomanagement

Wie im vorherigen Kapitel deutlich wird, ist das Thema Digitalisierung und die Implementierung digitaler Medien aus der frühpädagogischen Arbeit nicht mehr wegzudenken. Es stellt sich somit längst nicht mehr die Frage nach dem „ob", sondern vielmehr die Frage nach dem „wie" und damit nach einer qualitativ hochwertigen Umsetzung medienpädagogischer Arbeit in der Frühpädagogik.

Ergänzende Information Die elektronische Version dieses Kapitels enthält Zusatzmaterial, auf das über folgenden Link zugegriffen werden kann https://doi.org/10.1007/978-3-662-69759-7_3.

Was bedeutet Digitalisierung in Kitas genau? Im Kern bezieht es sich auf die Nutzung digitaler Medien durch Kinder und die Integration digitaler Technologien in den Kitaalltag. Doch Digitalisierung umfasst mehr als nur den Einsatz von Medien in der Kita. Es betrifft auch Organisation-, Verwaltungs- und Managementaspekte sowie die medienpädagogische Arbeit mit Kindern, einschließlich ihrer Vorbereitung, Reflexion und Kommunikation, insbesondere mit Eltern und Kolleg*innen (Knauf, 2019).

Die in Abb. 3.1 dargestellten Ebenen der Digitalisierung in der Kita interagieren miteinander und haben weitreichende Auswirkungen auf die pädagogische Arbeit. Es geht nicht nur darum, wie Kinder unmittelbar mit Medien interagieren, sondern auch darum, wie Medien den gesamten Kitaalltag beeinflussen und transformieren (Knauf, 2020b). Digitalisierung in Kitas umfasst alle Aspekte des Kitaalltags und berücksichtigt die Auswirkungen der Medien auf Interaktionen und kindliche Lernprozesse.

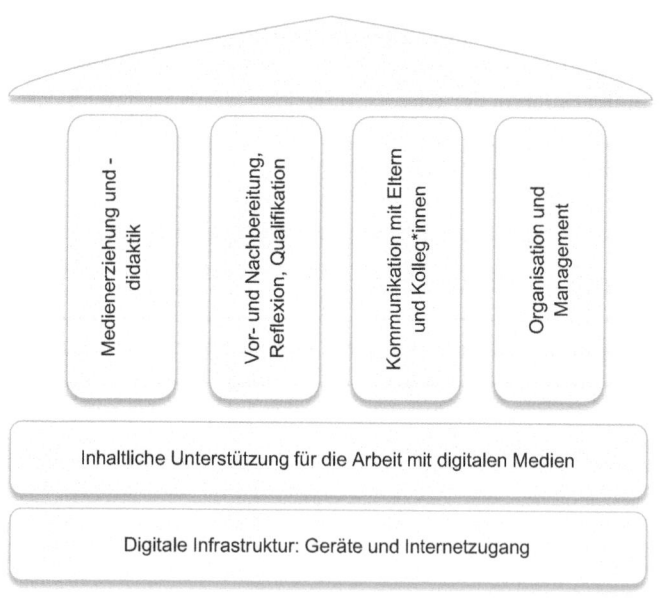

Abb. 3.1 Ebenen der Digitalisierung in der Kita. (in Anlehnung an Knauf, 2019, S. 5)

3.1 Medienkompetenz

Die medienpädagogische Arbeit in der Kita ist von zentralen Zielen geleitet. Sie umfasst die Förderung der Medienkompetenz der pädagogischen Fachkräfte und der Kinder, sowie die Unterstützung allgemeiner Lernprozesse, welche grundlegenden Bildungszielen folgen. Die Ausbildung der Medienkompetenz kann Kinder besonders auch hinsichtlich der Chancengerechtigkeit unterstützen (Marci-Boehncke et al., 2012), indem sie ihnen neue Bildungschancen eröffnet, eine Grundlage für den weiteren Bildungsweg bildet und darauf abzielt, Kinder zu mündigen, kritischen und medienkompetenten Menschen auszubilden. Das bedeutet konkret, dass digitale Medien aktiv in Lehr- und Lernkonzepte eingebunden werden müssen und gleichzeitig an die individuellen Erfahrungen der Kinder und ihrer Lebenswelt anknüpfen (Heinz, 2023). Digitale Medien sollten somit im Sinne einer alltagsintegrierten Bildung aktiv genutzt werden, zum Beispiel zur Kommunikation, zur Gewinnung von Informationen, zur Umsetzung von kreativen Ideen oder gestalterischen Zwecken in der Verknüpfung zu möglichst vielen Bildungsbereichen. Die Zielformulierung nach Bildungsgerechtigkeit in einer digitalen Gesellschaft unterstreicht dabei nicht nur die Bedeutsamkeit der Entwicklung von Medienkompetenzen von Kindern, sondern auch von pädagogischen Fachkräften (Heinz, 2023).

Aber was ist Medienkompetenz nun genau?
Eine kurze Definition der Medienkompetenz findet sich bei Hobbs (2011), welcher Medienkompetenz als das **Wissen und die Fähigkeiten, die ein (kritisches) Verständnis und einen (kritischen) Umgang mit Medien ermöglichen,** definiert. Bei der Medienkompetenz geht also um mehr, als nur die Bedienung eines Touchscreens oder das Einlegen einer DVD und den passiven Medienkonsum.

Auch Potter (2010) teilt das Konstrukt der Medienkompetenz in mehrere Dimensionen auf und beschreibt es als ein sich kontinuierlich entwickelndes Merkmal, das **Kompetenzen im kognitiven, emotionalen, ästhetischen und moralischen Bereich** umfasst (s. Abb. 3.2). Nach diesem Modell sind medienkompetente Menschen in der Lage, einzelne Symbole zu verstehen und zu begreifen, wie und warum eine Botschaft erstellt wurde. Sie können diese Botschaft aus einer künstlerischen Perspektive schätzen und kritisch bewerten. Darüber hinaus können sie erkennen, welche Symbole welche Emotionen hervorrufen und warum und gleichzeitig die dahinterstehenden Werte, die einer Botschaft zugrunde liegen, erschließen.

Dabei zeichnen sich nach Potter (2010) medienkompetente Menschen nicht nur durch einen der vier Aspekte aus, sondern alle vier Komponenten sind essenziell für eine ganzheitliche und kompetente Nutzung von Medien. Eine Person mit

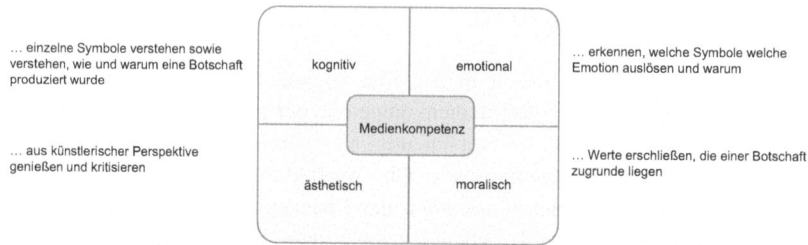

Abb. 3.2 Modell der Medienkompetenz. (in Anlehnung an Potter, 2010)

hoher kognitiver Entwicklung kann einen Film verstehen, aber ohne ausreichende Reife auf emotionaler Ebene bleiben die intendierten Gefühle aus. Ohne ästhetisches Verständnis bleibt das künstlerische Talent der Schauspieler*innen unbemerkt, und Defizite auf moralischer Ebene führen zu oberflächlicher Auseinandersetzung mit den ethischen Aspekten des Films (Potter, 2010). Medienkompetente Nutzung muss also ganzheitlich geschehen und erfordert mehr als eine oberflächliche Auseinandersetzung mit dem Medium.

Konkret bedeutet das aber auch: **Die alleinige (häufige) Nutzung digitaler Medien macht nicht automatisch medienkompetent.** Selbst wenn beispielsweise die motorischen Voraussetzungen für die Nutzung von Tablets sehr früh vorhanden sind und diese intuitiv eingesetzt werden können, müssen sich die kognitiven Voraussetzungen und damit die Verarbeitung der Inhalte erst entwickeln (Kankaanranta et al., 2017). Kinder müssen also nicht nur lernen, technische Geräte manuell zu bedienen, sondern vielmehr sinnvoll und konstruktiv mit digitalen Medien umzugehen.

▶ **Wichtige Aspekte der Medienkompetenz**

- Sinnvolles und Interessantes aus dem großen Medienangebot auszuwählen, statt wahllos zu konsumieren
- Inhalte richtig einordnen und verarbeiten
- Medienbotschaften, Medienangebote und Werbung kritisch beurteilen und hinterfragen
- Realität von Fiktion unterscheiden
- Technologien verwenden und mit der Technik interagieren

Die Digitalisierung und der daraus erwachsende Einsatz digitaler Medien in der Kita zielt nicht auf ein reines Konsumieren, sondern auf ein kreatives Gestalten von Bildungsprozessen durch aktive und partizipative Erfahrungen im Lernumfeld Kita ab. Dabei steht die Bildung mit Medien, aber auch die Bildung über Medien und die digitale Welt im Fokus, welche anhand von gemeinsamen Erfahrungen und einem gemeinsamen reflexiven Austausch zwischen pädagogischer Fachkraft und Kind gelingen kann. Eine kreative und aktive Auseinandersetzung mit digitalen Medien bietet Kindern die beste Grundlage, zu lernen, wie Medien funktionieren, wie sie uns beeinflussen und was mit ihnen beabsichtigt wird. So kann das Erstellen eigener Medienprodukte, beispielsweise mithilfe von Apps (s. Kap. 5.2), ein nachhaltiges Erlernen und Aneignen frühkindlicher Medien- sowie weiterer (schul-)relevanter Kompetenzen unterstützen (Reichert-Garschhammer, 2021, s. Erkenntnisse aus der Wissenschaft).

3.2 Medienintegration in der Kita

Die Mediatisierung der Bildungseinrichtungen wird unter anderem daran deutlich, dass digitale Medien immer mehr Raum einnehmen und eine größere Verfügbarkeit beispielsweise von Apps zur Unterstützung von Lern- und Organisationsprozessen besteht. Diverse Instrumente und medial vermittelte Dienstleistungen werden für pädagogische Fachkräfte im Elementarbereich entwickelt und angeboten. Als Beispiel für ein digitales Tool, welches sich immer häufiger auch in Kitas wiederfindet, lassen sich Apps nennen. Neben einer Vielzahl an Apps zur Förderung der Kompetenzentwicklung der Kinder finden sich zunehmend Apps zur Kommunikation im Kitaalltag (z. B. mit Eltern) oder für den Einsatz von Beobachtung und Dokumentation und sogar zur Diagnostik im Handel (Cohen et al., 2021; Reichert-Garschhammer, 2021). Darüber hinaus ist in den letzten Jahren ein großes Angebot an virtuell stattfindenden Fort- und Weiterbildungen im Kontext der pädagogischen Arbeit in Kitas entstanden (Pfützner & Knauf, 2023).

Um eine gelingende Medienintegration in den Einrichtungen umsetzen zu können, bedarf es jedoch nicht nur medienkompetenter pädagogischer Fachkräfte, sondern auch einer ausreichenden Ausstattung und Unterstützung durch Träger, Gemeinde oder andere Akteure, die eng mit den Einrichtungen zusammenarbeiten (Knauf, 2020a). Dahingehend kann ein erster Schritt sein, die Medienbildung in das bereits bestehende pädagogische Konzept zu integrieren oder sogar ein eigenständiges Medienkonzept für die Einrichtung zu formulieren. Somit schafft man nicht nur für den Träger Transparenz, sondern auch für Kolleg*innen und

Eltern (s. Abb. 3.1, Ebenen der Digitalisierung von Knauf, 2019 für eine Visualisierung des Zusammenspiels der einzelnen Aspekte). Folgende Fragen können hierbei als Hilfestellung dienen:

▶ **Digitale Medien in unserer Kita – Bedarfsplanung**
Ist-Stand in unserer Einrichtung:

- Welche digitalen Medien sind vorhanden?
- Welche digitalen Medien haben wir bisher genutzt?
- Welche Kompetenzen gibt es bereits im Team?
- Welche Räume stehen zur Verfügung?

Planung:

- Wofür/zu welchem Zweck nutzen wir die digitalen Medien bzw. wollen diese zukünftig nutzen?
- Welche Medien müssen wir dafür anschaffen? Wie sieht es mit der Finanzierung aus?
- Wie häufig und in welchem Rahmen kommen digitale Medien zum Einsatz?
- Welche Ansätze passen zu unserem Leitbild/unserer Konzeption?
- Wie können wir Transparenz schaffen – allen Mitarbeitenden und unseren Eltern gegenüber?
- Wo planen wir Zeiten für Reflexionsphasen ein – mit dem Team, den Eltern und den Kindern?

Verstetigung und Berücksichtigung unseres Erfahrungsschatzes:

- Wie führen wir eine Evaluation der Maßnahmen durch und welche Konsequenzen ziehen wir aus der Bewertung?
- Wie machen wir das vorhandene/erworbene Wissen für das ganze Team zugänglich?
- Wie gelingt uns eine Dokumentation von Methoden, Erfahrungen und Tipps?
- Auf Basis unserer Erfahrungen:
  - Was erhoffen wir uns von der zukünftigen Nutzung von digitalen Medien in unserer Arbeit?
  - Welchen Zweck sollen diese erfüllen?
  - Welche Chancen und Risiken können wir dabei sehen?

3.2 Medienintegration in der Kita

Weitere Informationen

Im elektronischen Zusatzmaterial zu Kap. 3 finden Sie einen Vordruck einer Bedarfsplanung. Darüber hinaus finden Sie zusätzlich einen Vordruck eines Medienkonzeptes, welches Sie als Orientierung und Inspiration zur eigenen konzeptionellen Arbeit und zum Ausfüllen beispielsweise mit Ihrem Team in Ihrer Einrichtung verwenden können.

Ein weiterer wichtiger Aspekt, den es bei der Medienintegration im Kita-Kontext zu berücksichtigen gilt, ist die Abwägung von Risiken und Nutzen digitaler Medien. Es kommt also auf die Art und Weise der Nutzung an. Hier liefert die Wissenschaft wichtige Erkenntnisse, unter welchen Umständen digitale Medien einen Gewinn darstellen:

▶ **Erkenntnisse aus der Wissenschaft**

- Der Einsatz digitaler Medien kann effektiv zur Unterstützung verschiedener Bildungsbereiche eingesetzt werden, beispielsweise zur Förderung von schriftsprachlichen Fähigkeiten, mathematischen Fähigkeiten, der Kreativität, von naturwissenschaftlichen Kompetenzen sowie der Sozialkompetenz (Egert et al., 2022; Zomer & Kay, 2018)
- Multimediales Lernen ist durch die additiven Informationen vor allem für Kinder mit Lernschwierigkeiten oder Legasthenie hilfreich (Mulley, 2010; Suchodoletz, 2006)
- Bilder und Videos (auch mit Musik/Tönen), welche zum gleichzeitig präsentierten Text passen, können helfen, nonverbale Information und Sprache zu integrieren und im Gedächtnis zu speichern (Mayer & Moreno, 1998; Takacs et al., 2015)
- Lese-Lern-Apps können frühe Lesefähigkeiten verbessern, da sie den Umgang mit Buchstaben, Silben und Worterkennung üben (Pflaumer, 2022)
- Digitale Bilderbücher unterstützen das Sprach- und Geschichtenverständnis sowie den expressiven Wortschatz (Takacs et al., 2015; Zucker et al., 2009)
- Geeignete Lernapps für Vorschulkinder können die schriftsprachliche und mathematische Kompetenzentwicklung von Kindern unterstützen (Niklas et al., 2020)
- Positive Auswirkungen zeigen sich unter anderem auf die (kognitive) Entwicklung der Kinder, wenn:

- Digitale Medien mit einer Bezugsperson gemeinsam genutzt werden
- Die inhaltliche Qualität hoch ist
- Und die Dauer der Nutzung begrenzt ist (z. B. Anderson & Subrahamanyam, 2017)
• Gezielte Unterstützungsmaßnahmen, zum Beispiel durch Fort- und Weiterbildungen, können die Medienkompetenz pädagogischer Fachkräfte verbessern und einen sichereren Umgang und Einsatz digitaler Medien der pädagogischen Fachkräfte erzielen (Cohen & Hemmerich, 2019; Mues et al., 2023)

Neben unterstützenden und förderlichen Aspekten des Einsatzes digitaler Medien gibt es auch Risiken und Gefahren der Nutzung digitaler Medien und des Internets. Deshalb gilt es beim digitalen Medieneinsatz in der Kita mithilfe eines intelligenten Risikomanagements zu arbeiten, wie es beispielsweise das Staatsinstitut für Frühpädagogik (IFP) entwickelt hat (Reichert-Garschhammer et al., 2020). Das bedeutet konkret, dass pädagogische Fachkräfte oder auch Eltern Gefährdungen und Risiken, die aus der Nutzung und der Arbeit mit digitalen Medien insbesondere unter Einbezug des Internets hervorgehen können, aufmerksam begegnen und entsprechende Schutzvorkehrungen treffen. Dabei sollten besonders im Hinblick auf das Alter und die Entwicklung der Kinder Schutzziele formuliert werden und das Gefährdungspotenzial sowie ein möglicher Bedarf an Begleitung eingeschätzt werden. Schutzmaßnahmen gemäß intelligentem Risikomanagement können darin bestehen, als Vorbilder für Kinder zu fungieren, sie kontinuierlich bei ihrer Mediennutzung zu unterstützen und dabei besonders auf pädagogische Qualität zu achten, sowie sich der rechtlich korrekten Nutzung von Medien im Bildungskontext bewusst zu sein (Reichert-Garschhammer, 2021). Weitere Schutzvorkehrungen und Beispiele wie diese umgesetzt oder verstanden werden können finden Sie in Tab. 3.1.

Weiterführende Informationen Der Kita-HUB Bayern informiert über „Chancen- und Risikomanagement konkret".

Darüber hinaus formuliert beispielsweise die Bundeszentrale für gesundheitliche Aufklärung (kindergesundheit-info.de, 2024) Empfehlungen zur Mediennutzung. Sie empfiehlt für Kinder im Alter von null bis drei Jahren noch **gar keine Nutzung** digitaler Medien. Je älter die Kinder werden, desto **mehr digitale Medienzeit** wird ihnen zugesprochen. Allerdings sollte die Nutzung stets mit einer erwachsenen Begleitperson stattfinden.

Tab. 3.1 Richtlinien zum intelligenten Risikomanagement in Kitas (Reichert-Garschhammer, 2021, S. 325)

Schutzvorkehrungen	Beispiele
Vorbild für Kinder sein	• erst selbst Sicherheit im Medieneinsatz erlangen
Kindgerecht und risikofrei starten	• *Tablets* gut sichern • gute Kindermedien auswählen
Kinder bei ihrer Mediennutzung stets begleiten	• Je jünger, umso mehr aktiv begleiten, und je älter, umso mehr auch befähigen, mit Risiken umzugehen • Nutzungsregeln mit Kindern vereinbaren (z. B. die zugänglichen *Tablets* nur gemeinsam mit anderen Kindern und begleitet von Fachkraft nutzen; nach Gebrauch wieder weglegen; Download als Erwachsenensache)
Auf die pädagogische Qualität der Mediennutzung achten	• Digital ersetzt nicht analog • Gestalten statt Konsumieren
Medien im Bildungsprozess rechtskonform nutzen	• Datenschutz, Recht am eigenen Bild, Bild- und Urheber*innenrechte beachten • auch die Kinder im Rahmen ihrer aktiven Mediennutzung entwicklungsangemessen dafür sensibilisieren
Online-Offline-Balance wahren	• Im pädagogischen Kitaalltag viel Abwechslung bieten und medienfreie Zeiten sichern (z. B. Essens- und Schlaf-/Ruhezeiten)
WLAN- und Geräte-Strahlung minimieren	• WLAN zu bestimmten Zeiten ausschalten • *Tablets* möglichst viel im *Offline-Modus* einsetzen

Literatur

Anderson, D. R., & Subrahmanyam, K. (2017). Digital screen media and cognitive development. *Pediatrics, 140*, S57–S61. https://doi.org/10.1542/peds.2016-1758C.

Cohen, F., & Hemmerich, F. (2019). *Nutzung digitaler Medien für die pädagogische Arbeit in der Kindertagesbetreuung: Kurzexpertise im Auftrag des Bundesministeriums für Familie, Senioren, Frauen und Jugend*. https://www.forum-transfer.de/fileadmin/uploads/Bibliothek/Kurzexpertise_Digitalisierung_Kindertagesbetreuung.pdf.

Cohen, F., Oppermann, E., & Anders, Y. (2021). (Digitale) Elternzusammenarbeit in Kindertageseinrichtungen während der Corona-Pandemie. Digitalisierungsschub oder verpasste Chance. *Zeitschrift für Erziehungswissenschaft: ZfE, 24*(2), 313–338. https://doi.org/10.1007/s11618-021-01014-7.

Egert, F., Hartig, F., & Cordes, A.-K. (2022). Metaanalyse zur Wirksamkeit von Bildungs- und Förderaktivitäten mit digitalen Medien in Kindertageseinrichtungen. *Frühe Bildung, 11*(2), 73–84. https://doi.org/10.1026/2191-9186/a000562.

Heinz, J. (2023). Bildungsgerechtigkeit in einer digitalen Gesellschaft. *MedienPädagogik: Zeitschrift Für Theorie Und Praxis Der Medienbildung, 52*, 191–216. https://doi.org/10.21240/mpaed/52/2023.02.10.X.

Hobbs, R. (2011). The State of Media Literacy: A Response to Potter. *Journal of Broadcasting & Electronic Media, 55*(3), 419–430. https://doi.org/10.1080/08838151.2011.597594.

Kankaanranta, M., Koivula, M., Laakso, M.-L., & Mustola, M. (2017). Digital Games in Early Childhood: Broadening Definitions of Learning, Literacy, and Play. In M. Ma & A. Oikonomou (Hrsg.), *Serious Games and Edutainment Applications* (S. 349–367). Springer International Publishing. https://doi.org/10.1007/978-3-319-51645-5_16.

kindergesundheit-info.de. (2024). *Wie oft und wie lange dürfen Kinder Medien nutzen?* Bundeszentrale für gesundheitliche Aufklärung. https://www.kindergesundheit-info.de/themen/medien/alltagstipps/mediennutzung/hoechstdauer.

Knauf, H. (2019). *Digitalisierung in Kindertageseinrichtungen*. Ergebnisse einer Fragebogenerhebung zum aktuellen Stand der Nutzung digitaler Medien. Bielefeld Working Paper 3. https://doi.org/10.25656/01:17999.

Knauf, H. (2020a). Digitalisierung in Kindertageseinrichtungen: Ergebnisse einer empirischen Untersuchung zum Status quo. *Frühe Bildung, 9*(2), 99–101. https://doi.org/10.1026/2191-9186/a000476.

Knauf, H. (2020b). Digitalisierung in Kindertageseinrichtungen. Das Beispiel Bildungsdokumentation aus der Perspektive pädagogischer Fachkräfte in Deutschland und Neuseeland. *Zeitschrift für Pädagogik, 66(2),* 233–250. https://doi.org/10.25656/01:25793.

Marci-Boehncke, G., Rath, M., & Müller, A. (2012). Medienkompetent zum Schulübergang: Erste Ergebnisse einer Forschungs- und Interventionsstudie zum Medienumgang in der Frühen Bildung. *MedienPädagogik: Zeitschrift Für Theorie Und Praxis Der Medienbildung, 22*, 1–22. https://doi.org/10.21240/mpaed/22/2012.12.27.X.

Mayer, R. E., & Moreno, R. (1998). A split-attention effect in multimedia learning: Evidence for dual processing systems in working memory. *Journal of Educational Psychology, 90*(2), 312–320. https://doi.org/10.1037/0022-0663.90.2.312.

Mues, A., Wirth, A., Schiele, T., & Niklas, F. (2023). *Förderung medienbezogener Kompetenzen pädagogischer Fachkräfte: Rotary4Kitas – Eine Interventionsstudie.*, Poster auf der Fachgruppentagung Pädagogische Psychologie (PAEPS) 2023, 18. – 20. September 2023, Kiel.

Mulley, U. (2010). Schriftspracherwerb am Computer. Advance online publication. https://doi.org/10.21243/mi-02-09-05 (Medienimpulse, Bd. 47 Nr. 2 (2009): 2/2009 – Computerspiele).

Niklas, F., Annac, E., & Wirth, A. (2020). App-based learning for kindergarten children at home (Learning4Kids): Study protocol for cohort 1 and the kindergarten assessments. *BMC Pediatrics, 20*(1), 554. https://doi.org/10.1186/s12887-020-02432-y.

Literatur

Pflaumer, N. (2022). Effekte der App Phontasia auf die Lese- und Rechtschreibleistungen von Zweitklässlern. *Alsic, 25*(1). https://doi.org/10.4000/alsic.5913.

Pfützner, M., & Knauf, H. (2023). Digitalisierung der pädagogischen Arbeit in Kindertageseinrichtungen. *Soziale Passagen, 15*(1), 181–196. https://doi.org/10.1007/s12592-023-00454-8.

Potter, W. J. (2010). The state of media literacy. *Journal of Broadcasting & Electronic Media, 54*(4), 675–696. https://doi.org/10.1080/08838151.2011.521462.

Reichert-Garschhammer, E. (2020). *Nutzung digitaler Medien für die pädagogische Arbeit in der Kindertagesbetreuung. IFP-Expertise im Auftrag und mit Förderung des BMFSFJ.* https://www.kita-digital-bayern.de/files/media/public/downloads/Endfassung-Kurzexpertise-IFP-Digitalisierung-Kindertagesbetreuung.pdf.

Reichert-Garschhammer, E. (2021). Digitalisierung in Kindertageseinrichtungen. In R. Braches-Chyrek, C. Röhner, J. Moran-Ellis, & H. Sünker (Hrsg.), *Handbuch Kindheit, Technik und das Digitale* (S. 319–337). Verlag Barbara Budrich.

Suchodoletz, W. (2006). *Therapie der Lese-Rechtschreib-Störung (LRS): Traditionelle und alternative Behandlungsmethoden im Überblick.* Kohlhammer Verlag.

Takacs, Z. K., Swart, E. K., & Bus, A. G. (2015). Benefits and pitfalls of multimedia and interactive features in technology-enhanced storybooks. *Review of Educational Research, 85*(4), 698–739. https://doi.org/10.3102/0034654314566989.

Zomer, N. R., & Kay, R. H. (2018). Technology use in early childhood education. *Journal of Educational Informatics, 1*(1). https://doi.org/10.51357/jei.v1i1.45.

Zucker, T. A., Moody, A. K., & McKenna, M. C. (2009). The effects of electronic books on pre-Kindergarten-to-Grade 5 Students' literacy and language outcomes: A Research synthesis. *Journal of Educational Computing Research, 40*(1), 47–87. https://doi.org/10.2190/EC.40.1.c.

Open Access Dieses Kapitel wird unter der Creative Commons Namensnennung 4.0 International Lizenz (http://creativecommons.org/licenses/by/4.0/deed.de) veröffentlicht, welche die Nutzung, Vervielfältigung, Bearbeitung, Verbreitung und Wiedergabe in jeglichem Medium und Format erlaubt, sofern Sie den/die ursprünglichen Autor(en) und die Quelle ordnungsgemäß nennen, einen Link zur Creative Commons Lizenz beifügen und angeben, ob Änderungen vorgenommen wurden.

Die in diesem Kapitel enthaltenen Bilder und sonstiges Drittmaterial unterliegen ebenfalls der genannten Creative Commons Lizenz, sofern sich aus der Abbildungslegende nichts anderes ergibt. Sofern das betreffende Material nicht unter der genannten Creative Commons Lizenz steht und die betreffende Handlung nicht nach gesetzlichen Vorschriften erlaubt ist, ist für die oben aufgeführten Weiterverwendungen des Materials die Einwilligung des jeweiligen Rechteinhabers einzuholen.

Tablets in der Kita 4

Was hält dieses Kapitel bereit?

- Einsatz von Tablets und Apps zur Gestaltung von Bildungsprozessen
- Definition: Zone der nächsten Entwicklung und Scaffolding
- Apps – Eine Anleitung für Auswahl und Einsatz
- Wie identifiziere ich eine gute Kinder-App – eine Checkliste

Tablets stellen vielseitige digitale Werkzeuge im Bildungsbereich dar: Sie bieten vielfältige Nutzungsmöglichkeiten, sind bereits im frühen Alter verwendbar und durch den Touchscreen einfach zu bedienen. Kinder können die Geräte eigenständig nutzen, die Bildschirmgröße ist ansprechend, und das leichte Gewicht ermöglicht einen problemlosen Transport, wodurch sie ideal für den Kitaalltag geeignet sind (Kankaanranta et al., 2017). Wissenschaftliche Untersuchungen zeigen, dass Tablets effektiv im Elementarbereich eingesetzt werden können, um selbständiges, kreatives und individuelles Lernen zu fördern (Egert et al., 2022; Kurcikova, 2017; Lepold & Ullman, 2021). Und entsprechend stellt sich die Frage nach den Einsatzmöglichkeiten der Tablets in den Kitas.

Ergänzende Information Die elektronische Version dieses Kapitels enthält Zusatzmaterial, auf das über folgenden Link zugegriffen werden kann https://doi.org/10.1007/978-3-662-69759-7_4.

© Der/die Autor(en) 2025
A. Mues et al., *Digitale Medien kompetent in Kitas einsetzen*, essentials,
https://doi.org/10.1007/978-3-662-69759-7_4

Einsatz von Tablets und Apps zur Gestaltung von Bildungsprozessen
Ein gezielter Einsatz von Tablets in der Kita kann die Medienkompetenz von Kindern und pädagogischem Fachpersonal fördern. Um den vollen Mehrwert der Geräte auszuschöpfen, sollte ihre Nutzung den Dimensionen der Mediengestaltung, Medienbildung, Mediendidaktik und Medienerziehung folgen:

- *Mediengestaltung:* Nutzung der Tablets zur kreativen Ausdrucksweise (Friedrichs-Liesenkötter, 2020)
- *Medienbildung:* Selbstbestimmter Umgang mit dem Tablet, beispielsweise beim Erstellen medialer Produkte wie Fotos, Filme, Bilderbücher oder Hörgeschichten (Friedrichs-Liesenkötter, 2020; für Beispiele einer praktischen Umsetzung s. Kap. 5)
- *Mediendidaktik:* Nutzung der Tablets um einzelne Bildungs- und Kompetenzbereiche spezifisch zu fördern (Friedrichs-Liesenkötter, 2020; Wirth et al., 2023; für Beispiele einer praktischen Umsetzung s. Kap. 5)
- *Medienerziehung:* reflektierte Nutzung des Tablets zur Erfüllung einer spezifischen Funktion und sozial verantwortlichem Gebrauch medialer Inhalte (Hirsh-Pasek et al., 2015; Nationaler Bildungsbericht, 2020).

Folgende Fragen können hierbei für Ihre Planung der Integration von Tablets im Kitaalltag helfen:

- Welches Ziel verfolgt der Einsatz der Tablets?
- Welche Zielgruppe soll angesprochen werden/ soll mit den Geräten arbeiten?
- Ist eine Einzelarbeit beispielsweise zur gezielten Förderung von Kompetenzen vorgesehen oder eine alltagsintegrierte Herangehensweise?

Zielgerichtete Apps können den Einsatz von Tablets zur Lernunterstützung bereichern. Gut gestaltete Apps können individuelles Feedback in Form von Lob oder Symbolen wie aufleuchtenden Sternen bieten (Palmér, 2015). Zudem können Apps auch ein adaptives Lernen ermöglichen (Cordes et al., 2020). Das bedeutet konkret, dass Kinder, die bislang über wenig Kompetenzen im geförderten Bereich verfügen, Aufgaben gestaffelt von sehr leicht bis aufsteigend anspruchsvollerem Schwierigkeitsgrad erhalten. Kinder, die bereits über fortgeschrittene Fähigkeiten verfügen, erhalten Aufgaben, die sich ebenfalls an ihrem Kompetenzniveau ausrichten und beginnen auf einer höheren Schwierigkeitsstufe innerhalb der App mit dem Lernen. So wird vermieden, dass es während des Lernens mit einer App zu Über- oder Unterforderung kommt. Gleichzeitig können digitale Apps im Sinne des Scaffolding-Ansatzes nicht nur das Schwierigkeitslevel anpassen, sondern auch die dazu geleistete Hilfestellung (z. B. in Form von Audio oder visuellen Hinweisen) erhöhen oder verringern (Trabandt, 2019). Darüber hinaus können Apps diese Art der Unterstützung z. B. durch direktes Feedback, unterstützende Hintergrundinformationen, Hinweise, wiederkehrende Strukturen oder adäquat ausgewählte Multimediafunktionen ermöglichen (Cordes et al., 2020).

Weitere Informationen Eine Auflistung einer Vielzahl an Apps zu verschiedenen Bildungsbereichen finden Sie im Zusatzmaterial zu Kap. 4 in der App-Liste. Darüber hinaus bietet der Kita-HUB Bayern eine „Kinder App-Liste – Kita" und Informationen und Empfehlungen zur „IT Ausstattung und IT Management in der Kita" an.

▶ **Zone der nächsten Entwicklung**
In einer bestimmten Fähigkeit oder Wissensdomäne, beispielsweise Mathematik, beschreibt die Zone der nächsten Entwicklung nach Vygotsky (1978) den Bereich, in dem das Lösen einer Aufgabe eigenständig nicht mehr möglich ist, aber mit Unterstützung einer kompetenteren Person ermöglicht wird. So kann man eine schnellere Entwicklung bei Kindern beobachten, wenn diese gezielt gefördert und dabei beispielsweise durch andere Kinder oder aber auch Erwachsene unterstützt werden. Um Kinder hierbei bestmöglich beizustehen, bietet sich das Scaffolding als unterstützender Ansatz an.

▶ **Scaffolding**
Unter Scaffolding versteht sich die strukturierte Unterstützung eines Kindes im Sinne eines „Gerüsts", eine Aufgabe selbstständig zu bewältigen beispielsweise durch Anleitung oder Denkanstöße.

Apps – Eine Anleitung für Auswahl und Einsatz
Wie wählt man nun eine geeignete App aus und worauf sollte geachtet werden, wenn man den Einsatz von Apps im Kitaalltag integrieren möchte? Um passende Apps für den Einsatz in einer Einrichtung zu finden und eine kindgerechte Umsetzung zu implementieren, sollte auch hier, ähnlich wie für den allgemeinen Einsatz von digitalen Medien in der Kita, ein*e App-Beauftragte*r benannt werden oder ein App-Team, welches sich für die Auswahl, Installation und Umsetzung verantwortlich fühlt.

Tipp 1: App-Auswahl: ein wichtiger Schritt

- In welchem Rahmen sollen die Apps eingesetzt werden (Morgenkreis, Vorschulgruppe, bereichsspezifische Förderung, Freispiel etc.)?
- Reduzieren Sie die Anzahl an Kindern, welche die Apps nutzen dürfen, um diese gut begleiten zu können
- Sie selbst sollten die Apps kennen, um die Kinder sinnvoll zu unterstützen und den Einsatz der Geräte kontrollier- und überschaubar zu halten

Dies ermöglicht, die Auswirkung der Tablet-Nutzung zu beobachten, zu dokumentieren und differenziert zu reflektieren. Denn Kinder lernen am besten, wenn sie sich innerhalb eines sozialen Kontextes befinden und von Personen mit höherem Wissensstand begleitet und unterstützt werden (Zone der nächsten Entwicklung; Vygotsky, 1978).

Bei der immensen Auswahl der verschiedenen Apps in den App-Stores ist es eine große Herausforderung, qualitativ hochwertige Apps zu finden. Besonders vor dem Hintergrund, dass trotz Kategorien wie „family-friendly" oder „educational" viele der angebotenen Apps nicht den pädagogischen Ansprüchen sowie der Qualität entsprechen, die für ein erfolgreiches Lernen notwendig wären (Meyer et al., 2021). Forschende entwickelten einen Leitfaden, in dem sie formulieren, was eine qualitativ hochwertige Lern-App enthalten sollte, um Kindern die bestmöglichste Unterstützung zu bieten. Demnach lernen Kinder dann am besten, wenn eine App:

- sie kognitiv anregt und aktiviert,
- möglichst wenig ablenkende Elemente enthält,
- bedeutsam für die Kinder und ihren Alltag ist,
- soziale Interaktion fordert
- und dabei von einem spezifischen Lernziel geleitet wird (Hirsh-Pasek et al., 2015).

Aber welche App ist nun die richtige für meine Einrichtung und meine Zielgruppe? Und viel wichtiger: Wie finde ich diese App?

Bislang gibt es in Deutschland verschiedene Projekte, die sich mit der Bewertung von Apps durch Expert*innen im Elementar- und Primarbereich auseinandergesetzt haben. Die Stiftung Lesen hat beispielsweise im Rahmen des Projektes **lesenmit.app** Expert*innen Apps zur Lese- und Sprachförderung sowohl im Elementarbereich als auch darüberhinausgehend einschätzen lassen[1]. Weitere Datenbanken oder Empfehlungsdienste für die digitale Arbeit oder Nutzung im Kita-Alter sind beispielsweise die Datenbank **Websites für Kinder** vom BIBER Netzwerk frühkindliche Bildung oder aber auch die **Fernsehprogrammberatung** von FLIMMO, eine Medienkompetenz-Initiative der Landesmedienanstalten zur Beratung von Eltern zu TV und Streaming.

Weitere Informationen Im Zusatzmaterial zu Kap. 4 finden Sie Verlinkungen auf die jeweiligen Websites. Darüber hinaus finden Sie dort nicht nur themen- und kompetenzspezifische Apps, sondern auch Apps die das Abspielen von Hörbüchern, Musik, Videos oder auch E-Books ermöglichen.

Zudem wird es in Ihrem Alltag sicherlich auch vorkommen, dass einer interessanten Frage, die sich beispielsweise beim Mittagessen oder während des Spielens im Garten ergeben hat, nachgegangen werden soll. Auch hier gibt es verschiedene Möglichkeiten, beispielsweise Suchmaschinen zu nutzen, die kindgerechte Inhalte wiedergeben, auch diese finden Sie im Zusatzmaterial zu Kap. 4.

▶ **Wie identifiziere ich eine gute Kinder-App? – Eine Checkliste**

- Passt die App zu meiner Zielgruppe und dem geplanten Einsatz?
- Beinhaltet die App Werbung?
- Hat die App ein Impressum?
- Ist ein klares Lernziel erkennbar?
- Sind die vermittelten Inhalte korrekt und adäquat?
- Gibt es viele ablenkende Elemente (pop-ups, Unterbrechungen etc.)?
- Gibt es hilfreiches Feedback?
- Gibt es ansteigende Schwierigkeitsstufen (adaptives, individualisiertes Lernen)?

---

[1] Die App-Datenbank des Projektes lesenmit.app wurde nur bis zum Jahr 2023 finanziert und somit finden sich die am besten bewerteten Inhalte nun auf der Seite der Stiftung Lesen, hier finden Sie neben Apps auch Lesetipps und Aktionsideen.

- Ermöglicht die App soziale Interaktion?

Die sorgfältige Abstimmung von Zielgruppe, Lernzielen und die Passung des Niveaus sind zentral!

Tipp 2: Einsatzzeitraum definieren
Definieren Sie den Zeitraum, in dem Sie digitale Medien oder spezifische Geräte wie Tablets einsetzen wollen. Das Definieren eines begrenzten Zeitraumes gibt Ihnen die Möglichkeit, den Einsatz zu reflektieren und gegebenenfalls anzupassen.

Tipp 3: Geräteanzahl festlegen
Für eine bessere Planung und Organisation bietet es sich auch an, die Geräteanzahl im Vorhinein festzulegen bzw. zu begrenzen. Dies schafft Überschaubarkeit im Kitaalltag, vereinfacht die administrative Wartung und die pädagogische Begleitung. Zudem sind die Kinder herausgefordert, sich bezüglich der Nutzung abzusprechen und Rücksicht aufeinander zu nehmen. Für den Einsatz von Tablets empfiehlt sich beispielsweise ein Gerät pro sechs Kinder.

Tipp 4: Nutzungszeiten festlegen
Die Bundeszentrale für gesundheitliche Aufklärung empfiehlt für Kinder von drei bis sechs Jahren eine durchschnittliche tägliche Mediennutzungszeit von höchstens 30 min (kindergesundheit-info.de, 2024). Dabei ist es ideal, wenn die Nutzung gemeinsam mit Erwachsenen oder anderen Kindern stattfindet (s. Kap. 3.2).

Weitere Informationen Empfehlungen zu täglichen Nutzungszeiten von Medien (u. a. Bücher, Hörmedien und digitale Medien) finden Sie im Zusatzmaterial zu Kap. 4.

Tipp 5: Technische Betreuung regeln
Neben der pädagogischen Begleitung und der Festlegung geeigneter Regeln für den Gebrauch digitaler Medien und im Speziellen von Tablets sollte auch die technische Betreuung mitgedacht werden. Deshalb finden Sie im Folgenden ein paar Eckpfeiler, um einen reibungslosen Einsatz der Geräte in Ihrer Einrichtung zu gewährleisten:

- Ist W-Lan in der Einrichtung vorhanden? Falls nicht, müssen Apps wenn möglich zu Hause heruntergeladen werden.
- Wer kümmert sich um Updates, das Aufladen des Akkus etc.?
- Wo werden die Tablets verwahrt und wer hat Zugang zu den Geräten?

- Eine Eins-zu-Eins-Betreuung bei der Benutzung der Geräte ist für kurze Zeiträume während der Einführung der Geräte unbedingt notwendig.

Tipp 6: Sicherheit gewährleisten
Die Nutzung von Tablets sollte verantwortungsbewusst geschehen, vor allem wenn diese mit dem Internet verbunden sind. Dabei ist zum einen die Sicherheit des Gerätes und zum anderen der Schutz personenbezogener Daten von Bedeutung (lesen Sie mehr zu Datenschutz in der Kita in Kap. 5.1.2 und im elektronischen Zusatzmaterial zu Kap. 5). Welche Einstellungen können am Tablet sinnvoll sein?

- Tablet-Zugang mit PIN sichern.
- Zugang zu den App-Stores mit PIN sichern. Schauen Sie sich hier auch die Jugendschutzeinstellungen der App-Stores an.
- Ggfs. Apps nutzen, die einen Kindermodus auf dem Tablet einstellen.
- Spitznamen als Benutzernamen angeben zum Schutz personenbezogener Daten.
- Sonstiges: Hülle für das Tablet (Schutz vor Bruch oder Beschädigung).

Weitere Informationen Der Kita-HUB Bayern stellt Informationen zu Sicherheitseinstellungen auf Tablets für Android und iOS Geräte zur Verfügung, beispielsweise in Form einer Checkliste.

Tipp 7: Arbeitsabläufe vereinfachen
An welcher Stelle können Ihnen die Tablets die Arbeit erleichtern? Hier lassen sich häufig individuelle Nutzungsanlässe für einzelne Einrichtungen finden. Nehmen Sie den Gedanken an digitale Medien mit in Ihre Arbeit und beobachten Sie die Abläufe für eine Woche: Wo lassen sich Tablets gewinnbringend integrieren? Ein Beispiel wäre in der Administration Ihres Kitaalltages: Es gibt mittlerweile einige Apps auf dem Markt, die zur Dokumentation oder Elternkommunikation genutzt werden können.

Weitere Informationen Mögliche App- oder Softwarelösungen finden Sie in Kap. 5.1.3 oder auch in der Materialkiste des Kita-HUB Bayern zu Apps und Softwarelösungen für mittelbare pädagogische Aufgaben. Darüber hinaus finden Sie dort auch eine Verlinkung zur Umsetzung eines „Medienführerscheins" für Kinder.

Literatur

Cordes, A.-K., Egert, F., & Hartig, F. (2020). Apps für Kindergartenkinder: Lernen oder Aufmerksamkeitsraub? – Anforderungen an Lernapps aus kognitionspsychologischer Perspektive. *Diskurs Kindheits- und Jugendforschung, 15* (3), 243–258. https://doi.org/10.3224/diskurs.v15i3.02.

Egert, F., Hartig, F., & Cordes, A.-K. (2022). Metaanalyse zur Wirksamkeit von Bildungs- und Förderaktivitäten mit digitalen Medien in Kindertageseinrichtungen. *Frühe Bildung, 11*(2), 73–84. https://doi.org/10.1026/2191-9186/a000562.

Friedrichs-Liesenkötter, H. (2020). Digitalisierung in der frühkindlichen Bildung. In N. Kutscher, T. Ley, U. Seelmeyer, F. Siller, A. Tillmann, & I. Zorn (Hrsg.), *Handbuch Soziale Arbeit und Digitalisierung* (S. 442–456). Beltz.

Hirsh-Pasek, K., Zosh, J. M., Golinkoff, R. M., Gray, J. H., Robb, M. B., & Kaufman, J. (2015). Putting education in „educational" apps: Lessons from the science of learning. *Psychological Science in the Public Interest: A Journal of the American Psychological Society, 16*(1), 3–34. https://doi.org/10.1177/1529100615569721.

Kankaanranta, M., Koivula, M., Laakso, M.-L., & Mustola, M. (2017). Digital games in early childhood: Broadening definitions of learning, literacy, and play. In M. Ma & A. Oikonomou (Hrsg.), *Serious Games and Edutainment Applications* (S. 349–367). Springer International Publishing. https://doi.org/10.1007/978-3-319-51645-5_16.

kindergesundheit-info.de. (2024). *Wie oft und wie lange dürfen Kinder Medien nutzen?* Bundeszentrale für gesundheitliche Aufklärung. https://www.kindergesundheit-info.de/themen/medien/alltagstipps/mediennutzung/hoechstdauer.

Kucirkova, N. (2017). IRPD – A framework for guiding design-based research for i Pad apps. *British Journal of Educational Technology, 48*(2), 598–610. https://doi.org/10.1111/bjet.12389.

Lepold, M., & Ullmann, M. (2021). *Digitale Medien in der Kita: Alltagsintegrierte Medienbildung in der pädagogischen Praxis* (2., durchgesehene Auflage). Herder.

Meyer, M., Zosh, J. M., McLaren, C., Robb, M., McCafferty, H., Golinkoff, R. M., Hirsh-Pasek, K., & Radesky, J. (2021). How educational are 'educational' apps for young children? App store content analysis using the Four Pillars of Learning framework. *Journal of Children and Media, 15*(4), 526–548. https://doi.org/10.1080/17482798.2021.1882516.

Nationaler Bildungsbericht. (2020). *Bildung in einer digitalisierten Welt*. https://www.bildungsbericht.de/de/schwerpunktthemen/bildung-in-einer-digitalisierten-welt-2020/bildung-in-einer-digitalisierten-welt-2020.

Palmér, H. (2015). Using tablet computers in preschool: How does the design of applications influence participation, interaction and dialogues? *International Journal of Early Years Education, 23*(4), 365–381. https://doi.org/10.1080/09669760.2015.1074553.

Trabandt, S. (2019). Tablets in Kindertagesstätten. *MedienPädagogik: Zeitschrift Für Theorie Und Praxis Der Medienbildung*, 1–15. https://doi.org/10.21240/mpaed/00/2019.02.26.X.

Vygotsky, L. S. (1978). *Mind in society*. Harvard University Press.

Wirth, A., Lohr, A., Sailer, M., & Niklas, F. (2023). Digitales Niemandsland? Eine Bestandsaufnahme der digitalen Bildung an deutschen Kindertageseinrichtungen. In K. Scheiter & I. Gogolin (Hrsg.), *Edition ZfE. Bildung für eine digitale Zukunft* (Bd. 15, S. 27–55). Springer Fachmedien Wiesbaden. https://doi.org/10.1007/978-3-658-37895-0_2.

Open Access Dieses Kapitel wird unter der Creative Commons Namensnennung 4.0 International Lizenz (http://creativecommons.org/licenses/by/4.0/deed.de) veröffentlicht, welche die Nutzung, Vervielfältigung, Bearbeitung, Verbreitung und Wiedergabe in jeglichem Medium und Format erlaubt, sofern Sie den/die ursprünglichen Autor(en) und die Quelle ordnungsgemäß nennen, einen Link zur Creative Commons Lizenz beifügen und angeben, ob Änderungen vorgenommen wurden.

Die in diesem Kapitel enthaltenen Bilder und sonstiges Drittmaterial unterliegen ebenfalls der genannten Creative Commons Lizenz, sofern sich aus der Abbildungslegende nichts anderes ergibt. Sofern das betreffende Material nicht unter der genannten Creative Commons Lizenz steht und die betreffende Handlung nicht nach gesetzlichen Vorschriften erlaubt ist, ist für die oben aufgeführten Weiterverwendungen des Materials die Einwilligung des jeweiligen Rechteinhabers einzuholen.

Praktische Tipps und Ideen für die Medienarbeit in der Kita

5

Dieser Teil des Buches führt Sie durch eine Reihe an praktischen Ideen, Tipps und Beispielen zur Umsetzung digitaler Medienarbeit in der Kita die mit zahlreichen Links und Apps versehen sind. Diese finden Sie im elektronischen Zusatzmaterial zu Kap. 5. Dabei liegt der Fokus besonders auf der Nutzung von Tablets und Apps in der Alltagsgestaltung und als Lernunterstützung für die Kinder, darüber hinaus erhalten Sie Anregungen, wie man Tablets als unterstützendes Instrument für die pädagogische Arbeit der Fachkräfte einsetzen und diese dadurch entlasten kann.

> **Was hält dieses Kapitel bereit?**
>
> **Rahmenbedingungen und Informationen für die Medienarbeit im Kitaalltag**
>
> - Nutzung digitaler Medien an die Eltern herantragen – aber wie?
> - Datenschutz in der Einrichtung
> - Digitale Dokumentation im Kitaalltag

Ergänzende Information Die elektronische Version dieses Kapitels enthält Zusatzmaterial, auf das über folgenden Link zugegriffen werden kann https://doi.org/10.1007/978-3-662-69759-7_5.

© Der/die Autor(en) 2025
A. Mues et al., *Digitale Medien kompetent in Kitas einsetzen*, essentials,
https://doi.org/10.1007/978-3-662-69759-7_5

> **Mediennutzung zur Förderung einzelner Bildungsbereiche**
>
> - Sprache und Kommunikation
> - Mathematik und Naturwissenschaften
> - Musik, Ästhetik und Kreativität
> - Soziale und (inter-)kulturelle Bildung
> - Digitale Gesundheitserziehung

▶ **Achtung**

Jede*r Nutzer*in der*die die hier beispielhaft angeführten Apps und Links verwendet ist selbstständig dafür verantwortlich zu überprüfen, ob diese einer für den zu nutzenden Kontext angemessenen Datenschutzkonformität entsprechen. Darüber hinaus ist zu überprüfen ob die genutzten Inhalte zur geplanten Lernsituation passen und eine entsprechende Qualität zur Gestaltung von Bildungsprozessen vorweisen. Die Autor*innen können weder Verantwortung noch Haftung für die Nutzung der Inhalte übernehmen. Alle hier und im Zusatzmaterial zu findenden Apps und Verlinkungen sind zum Zeitpunkt der Veröffentlichung des Buches auf dem aktuellen Stand. Dennoch können wir keine Garantie dafür übernehmen, dass diese Aktualität auch zukünftig bestehen bleibt.

5.1 Rahmenbedingungen und Information für die Medienarbeit im Kitaalltag

Im folgenden Abschnitt finden Sie Informationen zu den Themen Elternarbeit, Datenschutz und Dokumentation. Ein vorformuliertes Elternanschreiben in einer Kurz- und einer Langversion, um das Thema digitale Medien in der Kita an Eltern heranzutragen und Transparenz und Verständnis zu schaffen, finden Sie im elektronischen Zusatzmaterial des Kap. 5. Neben rechtlichen Hinweisen stellen wir Ihnen auch eine Checkliste zur Verfügung, anhand derer Sie überprüfen können, an welchen Stellen Sie den Datenschutz in Ihrer Einrichtung bereits gut umsetzen und wo noch Verbesserungsbedarf besteht. Zuletzt möchten wir Ihnen verschiedene Optionen aufzeigen, wie die Dokumentation in der Einrichtung auch digital umsetzbar ist und Ihnen Ihren Alltag erleichtern kann.

5.1.1 Die Nutzung digitaler Medien an die Eltern herantragen

Eltern für neue Projekte zu begeistern ist nicht immer leicht – ganz besonders, wenn es um das heiß diskutierte Thema Mediennutzung geht. Deshalb finden Sie hier Vorschläge und Ideen, wie Sie Eltern die Arbeit mit digitalen Medien und explizit mit Tablets und deren Einsatz im Kitaalltag vorstellen und sie als Partner*innen mit einbeziehen können.

Elternabend und Tür- und Angel-Gespräche
Ein Elternabend zum Thema digitale Medien bietet eine gute Möglichkeit, das Medienkonzept der Einrichtung vorzustellen und die Eltern mit Ihrer geplanten Arbeit vertraut zu machen. Dabei können die geplante Nutzung der Tablets (z. B. Art, Dauer und Zweck der Nutzung) oder die Integration digitaler Medien in den Kitaalltag erläutert werden. Der Elternabend bietet Ihnen die Möglichkeit, Eltern theoretisch die Bedeutung digitaler Medien zu vermitteln und direkt auf Fragen und Bedenken einzugehen, um Transparenz zu schaffen und auf Augenhöhe zu kommunizieren. Seien Sie offen für Fragen und planen Sie gegebenenfalls Folgetermine für weitere Elternabende mit ein. Eventuell finden Sie bei den Optionen weiter unten ein paar Ideen, was Sie auf dem nächsten Elternabend präsentieren können, um Eltern weiter an das Thema heranzuführen.

Zusätzlich bieten Tür- und Angel-Gespräche die Möglichkeit, Eltern mit der Einführung digitaler Medien vertraut und sie auf das Medienkonzept der Einrichtung aufmerksam zu machen. Um Elternsorgen zu begegnen, können Sie auf die Integration medienpädagogischer Arbeit im Kitaalltag sowie die Ziele und pädagogischen Ansätze eingehen. Diese können sich an der Struktur Ihres Medienkonzeptes und den Leitfragen für einen Elternabend orientieren.

Weitere Informationen Ein vorformuliertes Elternanschreiben in einer Kurz- und einer Langversion, um das Thema digitale Medien in der Kita an die Eltern heranzutragen, finden Sie im elektronischen Zusatzmaterial zu Kap. 5, ebenso die oben genannten Leitfragen für einen Elternabend.

Infotisch/Poster
Legen Sie Ihr erstelltes Medienkonzept auf einem Infotisch aus oder entwerfen Sie ein Poster mit einer Mind-Map beispielsweise mit der Anleitung des Kita-HUB Bayern, welche die zehn wichtigsten Punkte aus Ihrem Medienkonzept kurz und ansprechend darstellt. Auf diese Weise haben die Eltern Zeit, sich die neuen Inhalte, Ideen und pädagogischen Ansätze in Ruhe anzuschauen. Bei Fragen und

Unklarheiten können die Eltern dann in einem Tür- und Angel-Gespräch auf Sie zurückkommen. Dies zeigt, dass der Einsatz von Tablets nicht willkürlich geschieht, sondern gut durchdacht ist und pädagogisch eingebettet wird.

Aktionstisch/-wand gestalten
Machen Sie Fotos während der Mediennutzung in der Einrichtung oder drucken Sie die Kunstwerke der Kinder direkt aus, falls Sie die Tablets zum kreativen Basteln und Arbeiten verwenden. So können Sie den Eltern an Ihrer Aktionswand Einblicke aus Ihrem Kitaalltag zeigen und die Werke der Kinder ausstellen.

Do it yourself-Nachmittag
Laden Sie Eltern und ihre Kinder in Ihre Einrichtung ein. Stellen Sie die vorhandenen Geräte zur Verfügung und lassen Sie Ihre Gäste diese auf eigene Faust erproben.
Alternativ können Sie verschiedene Stationen vorbereiten, die Eltern mit ihren Kindern ausprobieren können. Hier können Sie beispielsweise pro Station unterschiedliche Medien präsentieren:

Fototisch Die Eltern dürfen hier mit ihren Kindern Fotos machen und sie entweder einzeln für sich gestalten oder eine kleine Galerieausstellung dazu vorbereiten. Eventuell gibt es auch die Möglichkeit, die gemachten Fotos mithilfe eines Computers und einer Bearbeitungssoftware zu bearbeiten. Die entstandenen Werke können hinterher über einen Beamer an die Wand geworfen oder mit einem Drucker ausgedruckt und an einer Pinnwand präsentiert werden.

Tablet-Tisch Eltern und Kinder können verschiedene Apps über die Tablets ausprobieren und im Anschluss eine gemeinsame Bewertung abgeben, welche ihnen am besten gefallen haben. So können Sie sowohl die Meinungen der Kinder als auch die der Eltern einfangen. Stellen Sie Zettel und Stifte bereit und sammeln Sie mithilfe einer Feedback-Box die Bewertungen der Eltern und Kinder. Dies kann auch Ihnen eine Unterstützung bei der App-Auswahl sein. Fügen Sie gerne auch noch ein offenes Feld auf den Bewertungszetteln ein und fragen Sie die Eltern nach weiteren App-Empfehlungen. Aus diesen Tipps lässt sich sicher eine gute und auf die Kinder passende App-Auswahl treffen.

Bilderbuchkino Als gemeinsame Aktion mit allen Eltern und Kindern bietet sich auch ein Bilderbuchkino an. Dies könnte beispielsweise einmal im Monat stattfinden. Dafür benötigen Sie das Buch und die dazugehörigen digitalen Bilddateien. Viele Verlage bieten mittlerweile zu vielen ihrer Kinder- und Bilderbücher Bilderbuchkinos an – häufig sogar kostenlos. Diese lassen sich über einen Computer und einen Beamer an die Wand werfen und erzeugen ein richtiges Kinogefühl. Häufig kann man sich auch Bilderbuchkinos in den städtischen Bibliotheken ausleihen oder vor Ort im Rahmen eines Kita-Ausflugs ansehen.

Digitale Schnitzeljagd in der Kita
Eine weitere Möglichkeit, Kinder und Eltern spielerisch im Umgang mit Tablets vertraut zu machen, ist die digitale Schnitzeljagd. Verteilen Sie QR-Codes an verschiedenen Stationen in der Kita oder in einem nahegelegenen Park, die beim Scannen Hinweise zur jeweils nächsten Station preisgeben. Statten Sie die Familien beim Start mit einem Tablet aus, welches die QR-Codes auslesen kann. Die Spannung wird erhöht, wenn es am Ende einen echten Schatz zu finden gibt.

Weitere Informationen Anleitungen zur Umsetzung einer digitalen Schnitzeljagd und eines Bilderbuchkinos finden Sie im elektronischen Zusatzmaterial zu Kap. 5.

5.1.2 Datenschutz in der Einrichtung

Beim Umgang mit digitalen Medien in der Einrichtung ist das Thema Datenschutz und Sicherheit sehr präsent. Im folgenden Kapitel finden Sie „die wichtigsten Fragen und Antworten".

Weitere Informationen Detaillierte Ausführungen zum Datenschutz und zu Persönlichkeitsrechten, zu rechtlichen Grundsätzen in der Kita, zur Digitalisierung analoger Materialien sowie zum Urheber*innenrecht und eine Checkliste für die Einhaltung der Datenschutzbestimmungen in der Kita finden Sie im elektronischen Zusatzmaterial zu Kap. 5.

▶ **ACHTUNG**
*Die folgenden Abschnitte in diesem Kapitel und im elektronischen Zusatzmaterial sind nicht als Rechtsberatung einzuordnen, sondern sollen pädagogischen Fachkräften als grundlegende Information und Orientierungshilfe beim Einsatz von Medien in der Kita dienen. Die Autor*innen können keinerlei Haftung für die rechtlichen Informationen und Hinweise übernehmen.*

▶ **Die wichtigsten Fragen und Antworten**

- **Darf ich mein privates Smartphone für Aufnahmen in der Kita nutzen?**
  Nein, Foto-, Ton- oder Videoaufnahmen sind in der Einrichtung nur mit dienstlichen Geräten gestattet. Für private Geräte kann der verantwortliche Träger keine sichere Datenverarbeitung gewährleisten. Ebenso sollte auf Kommunikation mit den Eltern über soziale Medien oder Messenger wie zum Beispiel WhatsApp verzichtet werden, da die Anbieter in den meisten Fällen keine DSGVO-konforme Nutzung erfüllen.
- **Ist es verboten, mit internetfähigen Geräten Bild- und Tonaufnahmen in der Kita zu machen?**
  Es ist nicht verboten, dienstliche Geräte mit dem Internet zu verbinden. Allerdings ist zu beachten, dass erstellte Aufnahmen nicht automatisch über das Internet in einen Cloudspeicher oder Ähnliches gelangen dürfen, da die meisten Cloud-Anbieter (z. B. Google Drive, iCloud, Dropbox) nicht oder nur zu Teilen den Richtlinien der DSGVO entsprechen. Deaktivieren Sie daher am besten den automatischen Upload von Daten in den Einstellungen Ihres Gerätes, nutzen Sie es im Flugmodus oder ohne Internetverbindung.
- **Wie gelingt datenschutzkonforme App-Nutzung in der Kita?**
  Am besten nutzen Sie Apps zum Download oder offline nutzbare Apps anstelle von browserbasierten Apps, die durchgehend Internetzugriff benötigen. Bei der App-Nutzung werden außerdem häufig Zugriffsberechtigungen angefordert, von denen oft nur ein Teil wirklich notwendig ist. Hier lohnt es sich, genau hinzusehen und nur die wirklich notwendigen Berechtigungen zuzulassen. Auch Registrierungen oder Namensänderungen lassen sich häufig überspringen oder durch einen Alias ersetzen.

Im Zuge der Nutzung von Tablets werden auch Daten direkt auf diesen Geräten gespeichert. Aus Datenschutzgründen empfiehlt es sich, diese Daten regelmäßig auf einen von der Kita gesicherten Speicherplatz zu übertragen (z. B. externe Festplatte) und anschließend auf dem Tablet zu löschen.

- **Was ist zu beachten, wenn Foto- oder Videoaufnahmen von Kindern in der Kita präsentiert werden?**

Hier muss zuerst entschieden werden, ob es sich um einen *öffentlichen* oder einen *nicht öffentlichen* Bereich der Kita handelt.

Öffentlich: Die Aufnahmen können von einem unbestimmten Kreis möglicher Empfänger*innen zur Kenntnis genommen werden, zum Beispiel bei einem Aushang im Eingangsbereich der Kita. Bei der Verarbeitung öffentlicher Daten ist die Einwilligung der Eltern einzuholen.

Nicht öffentlich: Die Kenntnisnahme der Aufnahmen ist nur für einen klar eingegrenzten Personenkreis (Mitarbeitende, Kinder, Eltern) mit persönlicher Beziehung zur Kita möglich, zum Beispiel bei einem Poster in den Gruppenräumen oder einer Filmvorführung beim Elternabend. Bei der Verarbeitung nicht öffentlicher Daten ist die Einwilligung in der Regel vorab im Betreuungsvertrag geregelt und es bedarf keiner weiteren gesonderten Einwilligung der Eltern.

Weitere Informationen Verlinkungen zu den entsprechenden Webseiten finden Sie im elektronischen Zusatzmaterial zu Kap. 5.

5.1.3 Digitale Dokumentation im Kitaalltag

In Ihrem Alltag gibt es viele spannende, lustige, inspirierende und ganz besonders die Entwicklung der Kinder betreffende Situationen, die sich wunderbar dokumentieren lassen. Aber häufig fehlt es an Zeit und manchmal auch an praktischen und flexiblen Dokumentationssystemen. Die Nutzung digitaler Medien kann nicht nur Kinder, sondern auch pädagogische Fachkräfte unterstützen und zeitlich entlasten.

Digitale Dokumentation in der Kita
Die Erfassung von Momenten, Entwicklungsschritten oder Beobachtungen im Kitaalltag ist oft herausfordernd. Zeitressourcen sind meist begrenzt, was zusätzliche Dokumentation belastend machen kann. Die Integration digitaler Möglichkeiten erleichtert den Dokumentationsauftrag und kann sogar durch die Kinder unterstützt werden, was Ihnen Arbeit abnimmt. Durch den gezielten Einsatz digitaler Medien können Zeit gespart und neue Möglichkeiten für die Portfolioarbeit eröffnet werden. So können standardisierte Beobachtungsbögen wie liseb, sismik, seldak oder BaSiK direkt digital ausgewertet werden (s. elektronisches Zusatzmaterial Kap. 5). Auch für die Portfolioarbeit eröffnen sich neue Möglichkeiten durch Sprach-, Video- oder Bildaufnahmen zur dauerhaften Darstellung der kindlichen Entwicklung (vgl. Viernickel & Völkel, 2022). Obwohl der Umgang mit digitalen Dokumentationsverfahren zunächst ungewohnt sein mag, ist es sinnvoll, verschiedene Ansätze im Team zu diskutieren, um eine passende Lösung zu finden, die den Alltag erleichtert.

Weitere Informationen Beispiele zu digitalen Beobachtungs-, Dokumentations- und Kommunikationslösungen finden Sie im elektronischen Zusatzmaterial zu Kap. 5. Eine Übersicht zu möglichen App- oder Softwarelösungen finden Sie auch in der Materialkiste des Kita-HUB Bayern zu Apps und Softwarelösungen für mittelbare pädagogische Aufgaben.

5.2 Mediennutzung zur Förderung einzelner Bildungsbereiche

Im folgenden Abschnitt finden Sie praktische Tipps zur Förderung einzelner Bildungsbereiche der Kinder. Diese Tipps bieten Anregungen und Inspirationen zur spielerischen Bildungsförderung und verbinden die Nutzung von analogen und digitalen Medien – denn das Lernen mit digitalen Medien muss nicht immer ausschließlich vor dem Bildschirm stattfinden!

5.2.1 Sprache und Kommunikation

Das Erlernen von Sprache und Schriftsprache ist eine der bedeutendsten Aufgaben von Kindern im Vorschulalter und beeinflusst ihre weitere Entwicklung in vielen Kompetenzbereichen maßgeblich. Sprachförderung nimmt daher großen Raum in der Elementarpädagogik ein und soll das Interesse von Kindern an

5.2 Mediennutzung zur Förderung einzelner Bildungsbereiche

Lauten, Wörtern und Grammatik spielerisch wecken. Dazu haben sich analoge Techniken bewährt, etwa gemeinsames Vorlesen, Singen, Reimen und verschiedene Sprachspiele. Aber auch digital kann die Freude am Umgang mit Sprache gefördert werden. Insbesondere bei Kindern, die sonst wenig Begeisterung für Bücher zeigen, kann man über digitale Techniken Interesse wecken – daher haben wir Ihnen im Folgenden ein paar Ideen zur sprachlichen Bildung mit digitalen Medien zusammengestellt.

Welche Kompetenzen werden mit den Projektideen gefördert?

- Kinder verbessern ihr Sprachverständnis, indem sie Sprache hören. Sprachlicher Input unterscheidet sich sehr, je nachdem ob Kinder geschriebene Texte, gesprochene Sprache, Lieder oder Reime hören – gerade die Vielfalt beim Umgang mit Sprache ist daher besonders förderlich für Kinder.
- Kinder schulen ihre Artikulationsfähigkeiten und erweitern kontinuierlich ihren Wortschatz. Sie lernen, Wörter in Beziehung zueinander zu setzen und sie in verschiedenen Kontexten zu verwenden.
- Kinder lernen die verschiedenen Buchstaben des Alphabets kennen und als Anlaute zu verwenden.
- Die Kinder werden dazu ermutigt, ihre Vorstellungskraft zu nutzen, um Geschichten zu erfinden und Bilder zu malen. Sie lernen, ihre Gedanken verbal auszudrücken und zu strukturieren.
- Das Malen von Bildern fördert die Feinmotorik der Kinder.
- Beim Erstellen des digitalen Bilderbuchs sind die kognitiven Fähigkeiten der Kinder gefragt: Sie müssen ihre Geschichte strukturieren und überlegen, wie sie am besten visuell und verbal präsentiert werden kann.
- Ein digitales Bilderbuch ist das persönliche Projekt jedes Kindes. Durch eigenständige Arbeit an Bildern und Audios übernehmen die Kinder Verantwortung und lernen, selbstständig zu arbeiten.

Projektidee: Buchstaben-Schnitzeljagd
Buchstaben und Wörter lassen sich überall finden – im öffentlichen Raum, aber auch in der Kita selbst. Begeben Sie sich mit Ihren Kindern auf Entdeckungstour: Suchen Sie nacheinander alle Buchstaben des Alphabets und malen Sie vorher den jeweils zu suchenden Buchstaben auf. Sie können entweder nach gedruckten Buchstaben suchen (auf Plakaten, Straßenschildern, Prospekten) oder nach Gegenständen, die aussehen wie ein Buchstabe (die Kette ist ein „U", die Sonnenbrille ein „B") oder Sie legen den zu bestimmenden Buchstaben aus weiteren Objekten selbst zusammen. Von jedem Buchstaben können die Kinder ein Foto machen, bis sie am Ende das

ganze Alphabet zusammen haben. Sie können die Fotos ausdrucken und als Collage aufhängen. Natürlich lassen sich noch viele weitere Anschlussideen verwirklichen: Sie können beispielsweise nach Wörtern mit den verschiedenen Anfangsbuchstaben des Alphabets suchen oder versuchen, die gefundenen Buchstaben zu Wörtern zusammenzusetzen. Anstelle von Buchstaben können Sie auch nach Reimpaaren suchen, wie etwa „Haus/Maus", „Schuh/Kuh" oder „Mund/bunt". Die Kinder können sich die Reimpaare selbst ausdenken, die entsprechenden Gegenstände suchen, fotografieren und anschließend die ausgedruckten Fotos beispielsweise zu einem „Paare-Reimen Memory" zusammensetzen.

Hierfür benötigen Sie ein digitales Gerät mit Kamera-Funktion (Tablet, Digitalkamera oder Smartphone).

Zu welchem Anlass Die Projektidee kann mit einer kleinen Gruppe drinnen oder draußen umgesetzt werden und benötigt mehrere Stunden. Sie eignet sich auch für eine Projektwoche zum Thema Buchstaben oder Wörter.

Projektidee: Digitales Vorlesen
Bei sprachlicher Bildung ist das Thema „Vorlesen" stets zentral. Gemeinsam Bilderbücher anzuschauen, schafft Vertrautheit mit Schriftsprache und Buchstaben und bietet Anlass für Gespräche. Inhaltlich lassen sich verschiedenste Themen abdecken, die die Kinder gerade interessieren. Während manche Kinder die gleichen Bücher immer wieder hören möchten und gar nicht genug vom Vorlesen bekommen können, gibt es andere, die sich für Bücher so gar nicht zu interessieren scheinen. Für beide Gruppen kann es bereichernd sein, sich einmal digitale Bilderbücher anzuschauen: Es macht Spaß, bewährte Klassiker im neuen „digitalen Gewand" zu sehen und die vielen Zusatzfunktionen auszuprobieren. Für die „Lese-Muffel" stellt die Interaktion mit dem Tablet häufig einen großen Reiz dar und kann Interesse an den Geschichten wecken. Gestalten Sie doch einmal eine Vorlesestunde mit digitalen Büchern: Die Auswahl ist mittlerweile riesig und reicht von digitalisierten Kinderbüchern (hier wird lediglich das Blättern im Buch durch digitales „wischen" der Seiten ersetzt) bis hin zu animierten Büchern, in denen man mit den Bildern interagieren, Videosequenzen ansehen und kleine Mini-Spiele ausprobieren kann. Für die Kinder ist es meist spannend, vertraute Buch-Charaktere digital wiederzutreffen. Im Internet finden Sie beispielsweise in der Mediendatenbank der Stiftung Lesen viele empfehlenswerte Kinderbuch- und Vorlese-Apps für verschiedene Alters- und Zielgruppen, darunter auch viele Wimmelbücher (s. elektronisches Zusatzmaterial Kap. 4, App-Datenbanken). Geht es um mehrsprachige Bilderbücher gibt es auch hier eine Reihe an Anbietern, die mehrsprachige Bücher zum Download anbieten.

5.2 Mediennutzung zur Förderung einzelner Bildungsbereiche

Häufig lassen sich dort genau die beiden Sprachen heraussuchen, in denen Sie Ihre Geschichten vorlesen möchten. Durch das häufigere Vorlesen und die tollen Bilder können die Kinder auch dann nachvollziehen, was in der Geschichte passiert, wenn sie die Sprache nicht verstehen. Wenn Sie oder Ihre Kolleg*innen mehrere Sprachen beherrschen, ist das super. Falls nicht, gibt es sicher das ein oder andere Elternteil, das gerne vorbeikommt, um auf seiner eigenen Erstsprache vorzulesen. So können Sie für alle Kinder ein tolles Erlebnis schaffen und die Sprachkompetenzen fördern.

Tipp Falls Sie und Ihre Kolleg*innen bestimmte Sprachen nicht lesen oder sprechen können, macht das gar nichts. Anstelle von Bilderbüchern gibt es auch die Möglichkeit, sich Hörbücher in verschiedenen Sprachen herunterzuladen. So finden sich viele bekannte Bücher, wie beispielsweise der Regenbogenfisch oder der kleine Eisbär, in unzähligen Sprachen als Hörbuch zum Download.

Hierfür benötigen Sie ein Tablet sowie Kinderbuch- oder Vorlese-Apps.

Zu welchem Anlass Die Apps verfügen meist über eine Vorlesefunktion und können daher alleine (falls das Kind bereits etwas vertraut ist im Umgang mit dem Tablet) oder auch in Gruppen verwendet werden. Die Interaktion mit einer Buch-App dauert in der Regel zwischen 20 und 30 min. Sie können diese in bewährten Vorlese-Situationen anstelle des analogen Buches verwenden oder eine App ganz gezielt zur Besprechung eines bestimmten Themas heraussuchen und einsetzen.

Weitere Informationen Einen Leitfaden zum dialogischen Lesen mit digitalen Bilderbüchern finden Sie auch in der Materialkiste des Kita-HUB Bayern.

Projektidee: Ein digitales Bilderbuch gestalten
Mit Tablets können Bilder und Audiodateien zu digitalen Bilderbüchern umgewandelt werden. Im Gegensatz zu normalen Bilderbüchern können digitale Bücher interaktive Elemente wie Animationen oder Töne enthalten, die das Engagement und die Aufmerksamkeitsspanne der Kinder fördern. Kinder können die Bücher durch aufgenommene Audioelemente selbstständig anhören, ohne dass sie von Erwachsenen vorgelesen werden müssen. Digitale Bilderbücher haben viele weitere Vorteile, sie sind leicht anzupassen und zugänglich, bei Bedarf können sie auch einfach mit den Eltern geteilt werden. Zunächst benötigen Sie jedoch Bildmaterial für Ihr digitales Bilderbuch. Dies lässt sich in verschiedenen Situationen einbinden:

1. **Vertiefung einer Geschichte:** Eine Geschichte wird im Morgenkreis erzählt und die Kinder malen verschiedene Bilder zu dieser Geschichte.

2. **Gestaltung einer eigenen Geschichte:** Die Kinder denken sich eine eigene Geschichte aus und gestalten Bilder dazu.
3. **Wiederholung eines Themas:** Die Kinder malen zu einem vorgegebenen Thema Bilder, z. B. „Tiere im Wald".

Die gemalten Bilder werden fotografiert und auf einem Tablet gespeichert. Die pädagogischen Fachkräfte nehmen den Text für die einzelnen Bilder als Audiodatei auf oder die Kinder erzählen die Geschichte in eigenen Worten nach. Apps zur digitalen Bilderbuchgestaltung ermöglichen das Anordnen der Bilder zu einem Bilderbuch und das Aufnehmen von Audiodateien zu den jeweiligen Seiten. Fertige Bilderbücher können auf Tablets von den Kindern angesehen werden und durch das Lautsprechersymbol kann der passende Ton abgespielt werden.

Hierfür benötigen Sie selbstgemalte oder fotografierte Bilder, Audioaufnahmen und eine App zur digitalen Bilderbuchgestaltung, Tablet oder PC.

Zu welchem Anlass Die Bücher können zu verschiedenen Anlässen und Festen, wie den Jahreszeiten oder Feiertagen gestaltet werden. Eine weitere großartige Möglichkeit sind Erinnerungsbücher, die entweder am Ende jedes Jahres oder zum Ende der Kindergartenzeit erstellt und zu einem späteren Zeitpunkt wieder angesehen werden können.

Weitere Informationen Geeignete Programme und Apps finden Sie im elektronischen Zusatzmaterial zu Kap. 5. Darüber hinaus finden Sie in der Materialkiste des Kita-HUB Bayern eine Anleitung zum Erstellen eigener Bücher mit dem Book Creator.

5.2.2 Mathematik und Naturwissenschaften

Mathematik und Naturwissenschaften verbinden wir häufig zunächst mit schulischem Lernen, doch mathematische und naturwissenschaftliche Kompetenzen lassen sich bereits früh und spielerisch fördern. Häufig werden die beiden Lernbereiche auch mit Informatik und Technik zusammengefasst, man spricht dann von den sogenannten *MINT*-Fächern. *MINT* steht für Mathematik, Informatik, Naturwissenschaft und Technik und findet auch im Elementarbereich bereits seinen Platz. Im Folgenden möchten wir Ihnen Ideen vorstellen, die beide Themenbereiche ansprechen und sich vielleicht sogar miteinander verbinden lassen, um unsere

Kleinsten in Ihrer Neugierde und Entdeckungsfreude zu unterstützen – digital und analog!

Welche Kompetenzen werden mit den Projektideen gefördert?

- Umgang mit dem Tablet und der Kamerafunktion.
- Unterstützung bei der Entwicklung einer forschenden und entdeckenden Haltung.
- Förderung der sensorischen Kompetenz, da die Kinder sensibilisiert werden, ihre Umwelt aufmerksam wahrzunehmen.
- Die Suche nach Objekten bestimmter Farben in der Natur fördert das Farbverständnis der Kinder und hilft ihnen, Klassifizierungsfähigkeiten zu entwickeln.
- Erstes wissenschaftliches Denken der Kinder wird gefördert: Die Kinder werden zu kritischem Denken angeregt, stellen Vermutungen auf, die sie durch kleine Experimente überprüfen und ziehen Schlussfolgerungen aus ihren Beobachtungen.
- Die Kinder werden mit geometrischen Konzepten wie Formen und Symmetrie vertraut gemacht.
- Das Benennen von Figuren fördert das Verständnis für mathematische Begriffe und die räumliche Repräsentation von Objekten.
- Die Kinder können ihre Kreativität ausleben und eigene Ideen umsetzen. Hierbei wird ihre Problemlösefähigkeit gefördert, indem sie beispielsweise entscheiden, wie sie ihre Fotos am besten zu einer Collage zusammenfügen oder wie sie bestimmte geometrische Figuren zeichnen können.

Projektidee: Naturcollagen
Gehen Sie gemeinsam mit den Kindern auf Naturerkundung. Dabei dürfen die Kinder ihre Fundstücke wie beispielsweise bunte Blätter, Pflanzen oder kleine Insekten fotografieren. Zurück in der Kita können aus den Fotos digitale Collagen gebastelt werden. Optional können Sie den Kindern den Auftrag geben, nach bestimmten Farben Ausschau zu halten. Es sollen dann nur grüne, gelbe oder rote Objekte in der Natur fotografiert werden, die dann farblich sortiert zu digitalen Collagen zusammengefügt werden. Oder vielleicht suchen die Kinder nach bestimmten Formen oder einer bestimmten Haptik?

Hierfür benötigen Sie ein digitales Gerät mit Kamera-Funktion (Digitalkamera, Smartphone, Tablet), ggf. eine App zur Collage-Erstellung

Zu welchem Anlass Diese Idee eignet sich für einen kleinen Ausflug in die Umgebung in der Gruppe oder auch in der Natur beispielsweise im Außenbereich der Kita. Sie können den gleichen Ort auch mehrmals aufsuchen und die Naturcollagen wiederholen, um den Jahreszeiten-Kreis abzubilden.

Weitere Informationen Geeignete Programme und Apps finden Sie im elektronischen Zusatzmaterial zu Kap. 5.

Projektidee: Der Natur auf der Spur
Um der Natur auf die Spur zu kommen, eignet sich häufig besonders eine Lupe – diese lässt sich auch digital nutzen. Unternehmen Sie einen Ausflug in die Natur oder gehen Sie ganz einfach mit den Kindern vor die Tür Ihrer Einrichtung. Nun können Insekten, Gräser und Pflanzen aber auch Sandkörner oder ganz kleine Gegenstände genauer betrachtet werden. Mithilfe der Tablets und entsprechenden Lupen-Apps können diese nicht nur alleine sondern auch in der Gruppe angeschaut und untersucht werden. Zudem hat man auch häufig die Möglichkeit, direkt ein Foto vom Entdeckten zu machen und diese im Nachhinein noch einmal anzuschauen. So lässt sich der Name der jeweiligen Pflanze oder des jeweiligen Tieres am nächsten Tag in der Einrichtung recherchieren und die Forscher*innentätigkeiten weiterführen. Vielleicht entsteht daraus auch ein Projekt, in dem nicht nur Fotos erstellt werden und recherchiert wird, sondern beispielsweise auch gemeinsam mit den Kindern digitale Infokärtchen zu den Fundstücken erstellt werden, die dann in Ihrer Einrichtung aufgehängt werden können. Auch das Bestimmen der Fundstücke lässt sich selbstverständlich digital durchführen – mit den entsprechenden Bestimmungsapps.

Tipp Sollte das Wetter mal nicht mitspielen, lassen sich sicherlich auch innerhalb der Einrichtung spannende Sachen entdecken.

Hierfür benötigen Sie Apps, die den Computer oder das Tablet im Handumdrehen zu einer Lupe verwandeln oder aber auch USB-Mikroskope, die an den Computer oder das Tablet angeschlossen werden können. Falls gewünscht: Bestimmungs-Apps für Pflanzen und Tiere.

Zu welchem Anlass Diese Idee eignet sich für einen kleinen Ausflug in die Umgebung mit der Gruppe oder (durch die vielfältigen Anschlussmöglichkeiten) auch für eine Projektwoche zum Thema „Natur auf der Spur".

Weitere Informationen Geeignete Programme und Apps finden Sie im elektronischen Zusatzmaterial zu Kap. 5.

Projektidee: Geometrische Figuren zeichnen
Das Zeichnen von geometrischen Figuren mit dem Lineal fällt jüngeren Kindern oft schwer. Verschiedene Programme am Tablet erleichtern dies. Lassen Sie die Kinder digital Dreiecke, Kreise oder Rechtecke zeichnen und benennen Sie diese gemeinsam, um ein erstes Verständnis für die verschiedenen geometrischen Figuren zu vermitteln. Sie können die Kinder auch verschiedene Figuren ausschneiden und zu einer Collage zusammenfügen lassen.

Hierfür benötigen Sie ein Tablet und die entsprechende App.

Zu welchem Anlass Diese Idee eignet sich für eine kleinere Gruppe an Vorschulkindern, Dauer ca. 1–2h.

Weitere Informationen Geeignete Programme und Apps finden Sie im elektronischen Zusatzmaterial zu Kap. 5 und in der App-Liste.

5.2.3 Musik, Ästhetik und Kreativität

Musik, Ästhetik und Kreativität werden häufig als eigener Bildungsbereich in der Elementarpädagogik zusammengefasst und umfassen viele Aktivitäten, die eine große Rolle im Alltag von Kindergartenkindern spielen, sei es nun basteln, tanzen, singen oder malen. Kinder sind gerne gemeinsam kreativ und lassen ihrer Fantasie freien Lauf. Digitale Medien eignen sich hervorragend, um mit Kindern kreative Projekte umzusetzen und am Ende ein großartiges, fertiges Produkt zu erhalten, welches sich immer wieder gemeinsam ansehen oder anhören lässt. Die Auseinandersetzung mit der benötigten Software oder den eingesetzten Apps erfordert häufig ein wenig Vorbereitungszeit, der Einsatz lohnt sich jedoch, da sich die digitalen Tools immer wieder und auf vielfältige Weise einsetzen lassen. Probieren Sie es einfach mal aus!

Welche Kompetenzen werden gefördert?

- Die Kinder lernen, sich verbal auszudrücken und ihre Ideen und Gedanken mit anderen zu teilen. Bei der Zusammenarbeit mit anderen Kindern wird zusätzlich die Kooperationsfähigkeit gefördert.
- Eine eigene Radioshow aufzunehmen, regt die Kreativität der Kinder an: Sie können ihre Fantasie nutzen, um Geschichten zu erfinden, Sketche zu formulieren oder Musikstücke auszuwählen.

- Die Präsentation der Radioshow vor den Eltern fördert das Selbstbewusstsein der Kinder und ermöglicht ihnen, zu lernen, wie die eigene Stimme gezielt eingesetzt werden kann, um Botschaften effektiv zu vermitteln.
- Durch Singen oder die Nutzung von Instrumenten werden die musikalischen Fähigkeiten der Kinder entwickelt. Sie lernen Rhythmus, Melodie und Tonleitern kennen und können ihre künstlerischen und musikalischen Ausdrucksmöglichkeiten erweitern.
- Durch die gemeinsame Arbeit mit anderen Kindern und Ihnen als pädagogische Fachkraft lernen Kinder Kooperation und soziales Miteinander: Sie tauschen Ideen aus, verteilen Rollen und gehen Kompromisse ein.
- Die Erstellung eines Trickfilms erfordert Zusammenarbeit und Kooperationsfähigkeit. Die Kinder arbeiten gemeinsam an der Entwicklung des Drehbuchs, der Gestaltung der Charaktere und der Umsetzung der Animationen. Dabei müssen sie Ideen austauschen und Kompromisse finden.
- Zur erfolgreichen Gestaltung des Trickfilms üben sich die Kinder in Problemlösen, Planung, Organisation und dem Treffen von Entscheidungen.
- Bei der Erstellung des Trickfilms gehen Kreativität und Medienkompetenzen Hand in Hand: Welche Hintergründe werden genutzt und wie werden sie gestaltet? Wie bringt man die ausgedachten Charaktere zum Bewegen und wie können Effekte erstellt werden?
- Beim Zaubern sind der Fantasie keine Grenzen gesetzt: Die Kinder können ihre Persönlichkeit ausdrücken und ein starkes Selbstbewusstsein entwickeln als Superheld*in, Hexe*r oder Pilot*in.
- Die Kinder müssen planen, wie ihre Visionen umgesetzt werden können und welche Hilfsmittel sie benötigen. Hierfür sind ihre kognitiven Fähigkeiten gefragt.

Projektidee: On Air – eine eigene Radioshow einsprechen
Erstellen Sie doch mal gemeinsam mit den Kindern eine eigene Radiosendung: Dabei kann jedes Kind beteiligt sein, indem es entweder etwas spricht, später bei der Zusammenstellung der Sequenzen hilft oder Musik für die Sendung heraussucht. Sie können auch eine Wettervorhersage einsprechen, Umfragen machen oder eine Quizsendung schalten – den Ideen sind hier keine Grenzen gesetzt! Die Tonsequenzen können Sie entweder mit der Aufnahmefunktion Ihres Tablets oder anhand von speziellen Apps aufnehmen. Eventuell könnte sogar ein Kita-Podcast daraus entstehen, beispielsweise im Rahmen einer Projektwoche oder aber als fortlaufendes Jahresprojekt, in dem einmal im Monat ein neues Thema der Kinder oder aktuelle Themen aus der Kita besprochen werden. Das Endergebnis kann den Eltern präsentiert werden, indem man es beispielsweise zu einer bestimmten Zeit morgens in der

5.2 Mediennutzung zur Förderung einzelner Bildungsbereiche

Kita abspielen lässt. Sie können auch den Eltern Zugang zu einem Portal verschaffen, über das sie sich die Radiosendung oder den Podcast anhören können – am besten passwortgeschützt.

Hierfür benötigen Sie ein Tablet oder einen PC, eine App für Audio-Aufnahmen oder ein Aufnahmegerät und ein kostenloses Schneideprogramm.

Zu welchem Anlass Diese Idee erfordert ein bisschen technisches know-how und etwas Vorbereitung, sie eignet sich daher eher für ein längerfristiges Projekt, bei dem viele Kinder in unterschiedlichen Rollen miteinbezogen werden.

Weitere Informationen Geeignete Programme und Apps finden Sie im elektronischen Zusatzmaterial zu Kap. 5.

Projektidee: Ein Hörspiel aufnehmen
Ähnlich wie die Radioshow, die wir Ihnen vorab vorgestellt haben, können Sie auch mit den Kindern ein Hörspiel gestalten. Schreiben Sie gemeinsam mit den Kindern eine Geschichte oder nehmen Sie eine bereits vorhandene Geschichte und lassen Sie diese von den größeren Kindern einsprechen. Jetzt können alle richtig kreativ werden: Es kann gesungen und es können Geräusche aufgenommen werden und all das mit der eigenen Stimme oder mit der Unterstützung von Instrumenten oder alltäglichen Gegenständen. Gestalten Sie auch zudem noch ein gemeinsames Cover mit den Allerkleinsten, so hat jede*r an der Produktion mitgewirkt. Diese Projektidee eignet sich auch wunderbar als Elterngeschenk auf einer CD oder einem USB-Stick.

Tipp Sie können auch zunächst ein Bilderbuch gemeinsam erstellen (s. Projekttipp digitales Bilderbuch erstellen) und dieses in einem anschließenden Projekt als Hörspiel vertonen.

Hierfür benötigen Sie ein Tablet oder einen PC und eine App oder ein Aufnahmegerät für die Audio-Aufnahmen.

Zu welchem Anlass Diese Idee eignet sich für eine kleinere Gruppe an Vorschulkindern und der Aufwand ist variabel: Sie können das Hörspiel mit der entsprechenden Vorbereitung an einem Tag aufnehmen oder über einen längeren Zeitraum jeden Tag eine Episode hinzufügen.

Weitere Informationen Geeignete Programme und Apps finden Sie im elektronischen Zusatzmaterial zu Kap. 5.

Projektidee: Erstellung eines eigenen Trickfilms
Eine Möglichkeit kann die Erstellung eines Trickfilms sein, beispielsweise zu einem Thema, welches für die Kinder momentan von besonderem Interesse ist oder thematisch die aktuelle Projektwoche aufgreift. Machen Sie sich zunächst mit der erforderlichen App vertraut und denken Sie sich gemeinsam mit den Kindern für den Anfang eine kurze und gut umsetzbare Sequenz aus. Sie können dafür zum Beispiel Spielfiguren nutzen oder die Kinder aus Knete Figuren basteln lassen. Auch ein Hintergrund wird benötigt, dafür eignet sich etwa ein Pappkarton oder ein entsprechend bemaltes Tuch. Nun können die Kinder Fotos mit dem Tablet machen. Die einzelnen Fotos werden anschließend mit der App zu einem kurzen Stop-Motion-Film zusammensetzen. Wenn Sie und die Kinder bereits ein bisschen Erfahrung mit der Technik gesammelt haben, können Sie immer größere und kreativere Filmprojekte gemeinsam umsetzen!

Hierfür benötigen Sie ein Tablet mit Kamera-Funktion und eine App zur Erstellung eines Stop-Motion-Films.

Zu welchem Anlass Diese Idee eignet sich für eine kleinere Gruppe an Vorschulkindern. Die Dauer variiert je nach Aufwand, aber es sollte mindestens 1 h Zeit eingeplant werden. Die Projektidee stellt zudem eine sehr gute Möglichkeit dar, Eltern mithilfe einer direkten praktischen Umsetzung über die medienpädagogische Arbeit der Einrichtung zu informieren. Falls Sie einen Bildschirm im Eingangsbereich haben, können Sie den Eltern hier zeigen, was Sie mit den Kindern gemeinsam erarbeitet haben, alternativ wäre auch eine Präsentation der erstellten Werke auf dem nächsten Elternabend oder dem Sommerfest denkbar.

Weitere Informationen Geeignete Programme und Apps finden Sie im elektronischen Zusatzmaterial zu Kap. 5, hier finden Sie auch ein selbst erstelltes Stop-Motion-Video.

Projektidee: Die Zauberwand
Suchen Sie eine leere Wand in Ihrer Einrichtung, die Sie zu einem Greenscreen verwandeln können. Hierfür können Sie eine bereits grün gestrichene Wand, ein grünes Tuch oder eine Leinwand verwenden.
Nun dürfen die Kinder kreativ werden und ihren eigenen Film oder Fotosequenzen aufnehmen. Lassen Sie die Kinder hierbei in Ihrer Kostümkiste suchen. Und

nun können sie sein wer sie schon immer sein wollten. Die Aufnahmen können mithilfe von Apps so bearbeitet werden, dass witzige Hintergründe eingefügt oder die Kinder zum Fliegen gebracht werden können!

Hierfür benötigen Sie ein Tablet oder einen PC und die entsprechende App.

Zu welchem Anlass Diese Projekt-Idee eignet sich für alle Kinder und Anlässe – je nach Alter der Kinder und Gruppengröße können Sie das Verkleiden der Kinder an einem verregneten Nachmittag digital einbetten oder ein größeres Film- oder Fotografieprojekt umsetzen.

Weitere Informationen Geeignete Programme und Apps finden Sie im elektronischen Zusatzmaterial zu Kap. 5.

5.2.4 Soziale und (inter-)kulturelle Bildung

In der Kita treffen eine Menge Sprachen und Kulturen aufeinander. Viele Kinder sammeln erst in der Kita ihre ersten Erfahrungen im Deutschen oder lernen neue Traditionen und Bräuche kennen, die sie aus ihrer Familie nicht kennen. Der Kita kommt hierbei die wichtige und schöne Aufgabe zu, allen Kindern ein Verständnis und eine Toleranz gegenüber den vielen Sprachen und Kulturen beizubringen, auf die sie im Kitaalltag und in ihrem späteren Leben treffen. Dies kann auf ganz verschiedene Weise passieren, unter anderem natürlich auch digital. Einige Ideen, wie Sie die Kinder sozial und (inter-)kulturell bilden können, finden Sie hier.

Welche Kompetenzen werden gefördert?

- *Interkulturelles Verständnis und Akzeptanz:* Durch das gemeinsame Kennenlernen verschiedener Kulturen und Sprachen entwickeln die Kinder eine wertschätzende und offene Haltung für die Vielfalt der Kulturen und Sprachen. Sie lernen, Gemeinsamkeiten und Unterschiede zu erkennen und zu respektieren.
- *Empathie:* Kinder lernen, die Perspektiven anderer zu verstehen und zu akzeptieren und entwickeln eine offene Haltung gegenüber kultureller Vielfalt.
- *Wortschatz und Sprachfähigkeit:* Das Erlernen von Wörtern und Phrasen anderer Sprachen sowie traditionsspezifischer Wörter erweitert den Wortschatz der Kinder und ihr Verständnis für Grammatik und Phonetik.

Projektidee: Krieg und Frieden thematisieren
Leider erschüttern in jüngster Zeit vermehrt Auseinandersetzungen und Kriege die Welt. Die Kinder bekommen diese Nachrichten mit und einige sind sogar selbst von den Krisen betroffen. So liegt es nahe, dass auch das Thema Krieg und Frieden eines ist, welches im Kitaalltag thematisiert wird. Dies ist wichtig, um Sorgen und Ängste der Kinder ernst zu nehmen, sie aber auch zu beruhigen. Mit diesem Praxistipp möchten wir vor allem den Frieden thematisieren, um dieses schwierige Thema trotz allem möglichst positiv zu gestalten. Erschaffen Sie doch gemeinsam mit den Kindern ein interaktives Friedensportfolio – das kann ein großes Portfolio für die gesamte Kita sein, oder eines für jedes Kind.

Die Gestaltung des Portfolios ist den Kindern frei überlassen. Das Leitthema ist: Was bedeutet Frieden für dich? Das kann das Foto eines kuscheligen Kinderzimmers oder der Eltern sein, das Lieblingslied oder ein Video vom gemeinsamen Spielen mit den Freund*innen, ein selbst gemaltes Bild oder die Abbildung eines großen, starken Dinosauriers. Das Sammeln und Gestalten dieser Friedensboten bietet auch die Möglichkeit, mit den Kindern über ihre Sorgen zu sprechen, aber auch über das, das ihnen Hoffnung macht. Wann immer die Kinder sich angesichts der Geschehnisse ängstlich oder entmutigt fühlen sollten, können sie mithilfe ihres Friedensportfolios neue Kraft tanken.

Hierfür benötigen Sie ein digitales Gerät mit Foto-, Film- und Tonaufnahmefunktion und ggf. eine App zur Collage- oder Portfolio-Erstellung

Zu welchem Anlass Diese Idee können Sie umsetzen, wenn Sie merken, dass die Kinder viele Fragen zum Thema Krieg haben, sich neue globale Unruhen entwickeln oder betroffene Kinder aus Kriegsgebieten in Ihrer Kita ankommen.

Weitere Informationen Denkanstöße und Ideen für Projekte zum Thema Krieg und Frieden finden Sie im elektronischen Zusatzmaterial zu Kap. 5.

Projektidee: Interkulturelles Musizieren
Sollte Ihre Kita reich an Kulturen und Bräuchen sein, planen Sie doch gerne mal eine Projektwoche, in der es um Musik aus verschiedenen Kulturen geht. Suchen Sie mithilfe der Tablets nach Kinderliedern aus verschiedenen Ländern und hören Sie diese gemeinsam mit den Kindern an. Fragen Sie auch gerne die Eltern oder die Kinder selbst. Auch das gemeinsame Kennenlernen und Entdecken (neuer) Instrumente könnte sehr spannend sein und zu einem gemeinsamen Musizieren anregen. Darüber hinaus können anhand von Videos oder Bildern traditionelle Tänze und Trachten

über das Tablet angeschaut werden. Zusätzlich kann man gemeinsam mit den Kindern erste Wörter einer anderen Sprache lernen. Einige Apps können beispielsweise durch lautes Vorlesen bei der korrekten Aussprache behilflich sein.

Tipp Vielleicht besitzt eine Familie auch eine oben beschriebene Tracht oder hat Lust mit allen Kindern gemeinsam ein paar Tanzschritte einzuüben. Laden Sie doch alle dazu ein, gemeinsam zu lernen und zu entdecken.

Hierfür benötigen Sie ein Gerät mit Internetzugang und eine kindgerechte Suchmaschine, ggf. Übersetzungs-Apps

Zu welchem Anlass Diese Ideen eignen sich super im Rahmen einer Projektwoche zum Kennenlernen neuer Bräuche. Die verschiedenen Tänze und Lieder können bei einem Elternabend vorgeführt werden.

Weitere Informationen Geeignete Programme und Apps finden Sie im elektronischen Zusatzmaterial zu Kap. 5.

Projektidee: Weihnachten interkulturell gestalten
Um die Bräuche anderer Länder und Kulturen um die Weihnachtszeit kennenzulernen, können Sie an Tablets gemeinsam mit den Kindern recherchieren, wie andere Länder Weihnachten feiern (oder nicht feiern). Vielleicht können Sie auch die Kinder und Eltern danach fragen, wie Weihnachten bei ihnen zuhause gefeiert wird und lassen sich im Morgenkreis gemeinsam von ihnen berichten.

Das Ganze können Sie auch als digitalen Adventskalender gestalten: Jeden Tag könnte die Kultur oder Religion eines anderen Landes beispielsweise mittels digitaler Bilder vorgestellt und gleichzeitig die verschiedenen Bräuche, Speisen oder Musik angesprochen werden. Wenn Sie hier dann teilweise noch jemanden finden, der*die selbst aus dieser Kultur stammt oder eine andere Religion praktiziert, wäre das eine tolle Ergänzung und die Kinder könnten Informationen aus erster Hand bekommen.

Für diesen digitalen Adventskalender können Sie mithilfe geeigneter Apps 24 QR-Codes erstellen, hinter denen sich 24 Überraschungen befinden. So können die Kinder (oder auch jedes Kind einzeln oder zu zweit) jeden Tag ein neues Türchen mit dem Tablet öffnen. Was sich hinter den QR-Codes verbirgt, ist Ihnen überlassen. Das können kleine Videos, Lieder und Rätsel, Geschichten, oder all das, was Ihnen sonst so in den Sinn kommt, sein.

Hierfür benötigen Sie ein internetfähiges Gerät (Tablet, Computer, Smartphone) zum Erstellen der QR-Codes und zur Recherche von Liedern, Tänzen, Bildern etc. und vor allem ganz viel Fantasie!

Zu welchem Anlass Der Adventskalender sollte natürlich zur Adventszeit zum Einsatz kommen. Eine kleine QR-Code-Schnitzeljagd (s. Digitale Schnitzeljagd) können Sie aber auch ganz unabhängig von der Jahreszeit einbauen. Wie wäre es mit einem QR-Code-Rätsel jede Woche?

Weitere Informationen Beispielinhalte (eine Geschichte oder einen Tiersteckbrief) für einen QR-Code-Adventskalender finden Sie im elektronischen Zusatzmaterial zu Kap. 5.

5.2.5 Digitale Gesundheitserziehung

Auch die Gesundheitserziehung darf in der Kita nicht fehlen. Unter frühkindlicher Gesundheitserziehung fallen all jene Bildungs- und Erziehungsangebote, die die Autonomie und Handlungschancen des Kindes im Bereich Gesundheit erweitern und die Entwicklung eines breiten und gesundheitsrelevanten Kompetenzrepertoires begünstigen sollen. Hierdurch wird Kindern ein gesundes Leben ermöglicht. Dies schließt verschiedenste Themenbereiche wie Ernährung, Hygiene, Bewegung, Gefühle, frühe Sexualerziehung, oder auch einen gesunden Umgang und Konsum digitaler Medien mit ein. In diesem Abschnitt möchten wir Ihnen Ideen an die Hand geben, wie Sie diese Themenbereiche mithilfe digitaler Medien unterstützen und kreativ umsetzen können.

Welche Kompetenzen werden gefördert?

- *Gesundheitsbewusstsein:* Kinder lernen, wie sie für ihre Gesundheit sorgen können, einschließlich Ernährung, Hygiene und körperliche Aktivität
- *Motorische Fähigkeiten:* Der Themenbereich Bewegung fördert die fein- und grobmotorischen Fähigkeiten der Kinder sowie ihren Gleichgewichtssinn und ihre Koordination.
- *Selbstregulation*: Kinder lernen, Gefühle zu erkennen, zu kontrollieren und konstruktiv damit umzugehen.

5.2 Mediennutzung zur Förderung einzelner Bildungsbereiche

Projektidee: Anleitung zum richtigen Händewaschen
Basteln Sie mit den Kindern eine Foto-Anleitung zum richtigen Händewaschen. Zeigen Sie mit den Kinderhänden Schritt für Schritt, wie man sich die Hände gründlich wäscht und welche Regeln man beachten sollte. Machen Sie mit dem Tablet oder Smartphone von jedem Schritt ein Foto. Am besten machen Sie die Fotos von oben, damit man die Hände gut erkennen kann. Die Fotos können dann zu einer Anleitung zusammengesetzt werden. Optional kann die Anleitung ausgedruckt, gerne auch verziert, laminiert und über den Waschbecken aufgehängt werden, um die Kinder an die Regeln zu erinnern. So macht das Händewaschen gleich doppelt Spaß! Das Gleiche kann auch für das richtige Zähneputzen erstellt werden. Ein eigenständiges Erstellen von Fotos für eine Anleitung zum Händewaschen und Zähne putzen motiviert die Kinder auf doppelte Art und Weise, sich an die selbst aufgestellten Regeln zu halten und gründlich die Hände zu waschen und die Zähne zu putzen und fördert gleichzeitig ihre Autonomie und Selbstwirksamkeit.

Hierfür benötigen Sie ein Gerät mit Fotofunktion, ggf. ein Bildbearbeitungsgerät oder einen Drucker und ein Laminiergerät.

Zu welchem Anlass Händewaschen gehört zur Alltagshygiene und kann deshalb zu jedem Anlass gelernt werden – am besten natürlich so früh wie möglich!

Projektidee: Digitales Kochbuch
Einen großen Teil der Gesundheitserziehung stellt die Ernährung dar. Um ein Verständnis und eine Wertschätzung über die Zubereitung von Essen zu entwickeln, gestalten Sie doch ein digitales Kochbuch gemeinsam mit den Kindern! So werden Kinder spielerisch an gesunde Ernährung herangeführt und können erste Kochfertigkeiten entwickeln. Sie können die Lieblingsrezepte der Kinder und ihrer Eltern sammeln oder sich von Blogs aus dem Internet oder Koch-Apps inspirieren lassen. Wenn alle Zutaten gekauft sind, kann es losgehen! Lassen Sie die Kinder alle Schritte fotografieren: Die rohen Zutaten, die Wiegemaße, die einzelnen Koch- oder Backschritte und schließlich die schön drapierten fertigen Gerichte. Als Bonus gibt es am besten noch ein Vorher- und Nachher-Foto der Kinder und ihrer Schürzen. Hierfür können Sie die Kinder in Gruppen aufteilen oder Rollen verteilen, die weitergegeben werden, sodass alle Kinder etwas beitragen können. Die fertigen Rezepte können mit Texten versehen und in einem Bildbearbeitungsprogramm zu einem großen Kochbuch zusammengetragen werden. Es gibt auch eine Reihe von Apps, die Ihnen die Arbeit erleichtern. Als PDF lässt es sich super mit den Eltern teilen, sodass diese auch zuhause Ihre Rezepte umsetzen können. Guten Appetit!

Hierfür benötigen Sie ein Gerät mit Fotofunktion, ein Bildbearbeitungsprogramm oder eine App zur Erstellung digitaler Fotobücher.

Zu welchem Anlass Diese Idee lässt sich prima während einer Projektwoche zum Thema Gesundheit und Ernährung umsetzen. Auch zu Anlässen wie Weihnachten oder Halloween können themenspezifische Kochbücher erstellt werden.

Weitere Informationen Geeignete Programme und Apps finden Sie im elektronischen Zusatzmaterial zu Kap. 5.

Projektidee: Spielerisch mehr Bewegung
Digitale Medien können dabei unterstützen, mehr Bewegung in den Kitaalltag zu integrieren. Auch bei schlechtem Wetter können die folgenden Ideen als Bewegungspause in den Gruppenräumen oder der Turnhalle umgesetzt werden.

Bewegungskarten: Erstellen Sie mithilfe Ihres Gerätes (Tablet, Smartphone, Kamera) Bewegungskarten, die eine bestimmte Übung abbilden. Hierfür können Sie gemeinsam mit den Kindern die gewünschten Übungen selber darstellen. Jedes Kind kann eine eigene Übung vorstellen, welche als Foto aufgenommen wird und beispielsweise im Anschluss mit einem Bildbearbeitungsprogramm bearbeitet werden kann. Die Karten kann man im Anschluss entweder auf Fotopapier ausdrucken und laminieren oder aber auch in einem PDF-Format zusammenfügen und über ein Tablet nutzen. Die Bewegungskarten lassen sich dann ganz leicht in den Alltag integrieren. Halten Sie diese hoch und lassen Sie die Kinder die Übung nachmachen oder werfen Sie das PDF Dokument oder die erstellten Fotos mit dem Beamer an die Wand und starten Sie ein Abspielen mit zufälliger Reihenfolge, so ist es immer eine Überraschung welche Übung als nächstes kommt. Die Kinder werden sich sicher freuen, wenn sie ihre eigene Übung mit ihrem Bild entdecken. Zusätzlich gibt es Apps, die ausgewählte Übungen in zufälliger Reihenfolge in Form eines Glücksrads auswählen und anzeigen, auch das kann viel Spaß bereiten.

Stopptanz: Auch der bekannte Stopptanz kann sehr einfach digital umgesetzt werden. Suchen Sie einige Kinderlieder aus zu denen die Kinder tanzen können. Lassen Sie die Kinder auch eigene Wünsche äußern, so macht es gleich viel mehr Spaß. Es gibt verschiedene App-Anbieter, die eine große Auswahl an Musikstücken, auch Kinderliedern, zur Verfügung stellen. Erstellen Sie doch gerne auch eine Favoritenliste, die Sie beliebig über die Zeit erweitern können. Spielen Sie die Musik über einen geeigneten Audioplayer ab. Vielleicht haben Sie auch eine zusätzliche Musikbox mit Bluetooth-Empfang oder Audio-Ausgang in der Einrichtung, die Sie mit Ihrem Tablet oder Smartphone verbinden können. Damit lässt sich dann richtig

5.2 Mediennutzung zur Förderung einzelner Bildungsbereiche

Stimmung in der Einrichtung machen. Drücken Sie willkürlich auf die Stopp-Taste des Musikplayers Ihres Geräts. Die Kinder müssen bei jedem Stopp versteinern. Wer sich bewegt muss eine Runde aussetzen und darf als nächstes die Stopp-Taste drücken.

Hierfür benötigen Sie für die Bewegungskarten: Ein Gerät mit Fotofunktion, ein Bildbearbeitungsprogramm oder einen Drucker und ein Laminiergerät, ggf. eine Glücksrad-App. Für den Stopptanz: Ein Musikprogramm, ein Gerät zum Abspielen der Musik, ggf. einen Lautsprecher oder eine Musikbox.

Zu welchem Anlass Die Bewegungskarten lassen sich sehr gut als Routine direkt nach dem Morgenkreis einbauen. Der Stopptanz kann auch an regnerischen Tagen für viel Bewegung sorgen.

Weitere Informationen Geeignete Programme und Apps finden Sie im elektronischen Zusatzmaterial zu Kap. 5.

Projektidee: Gefühls-Memory
Im Kindergartenalter lernen Kinder zunehmend Gefühle und Emotionen und den Umgang damit kennen. Gerade für inklusive Kitas ist die Vermittlung von Emotionen ein wichtiger Aspekt. Eine Idee, wie Sie den Kindern Emotionserkennung spielerisch digital näherbringen können, ist ein Gefühls-Memory. Bitten Sie hierfür die Kinder, verschiedene Emotionen darzustellen (zum Beispiel ein zerknautschtes Gesicht für „Wut" oder zusammengezogene Augenbrauen für „Angst") und fotografieren Sie diese. Mithilfe von Apps können Sie die Fotos direkt zu einem Memory-Spiel zusammensetzen lassen, sodass Sie über das Tablet darauf zugreifen können. Ansonsten können Sie die Fotos per Bildbearbeitungsprogramm in gleichgroße Quadrate skalieren und diese ausdrucken und laminieren. Die Fotos werden verdeckt vor die Kinder gelegt. Das Ziel ist nun, in jedem Zug zwei Bilder aufzudecken und bestenfalls ein Bildpaar zu finden. Statt zweimal das gleiche Foto für eine Emotion zu nutzen können Sie auch zwei unterschiedliche Darstellungen der Emotion nutzen, oder ein Foto und das geschriebene Wort. So erhöhen Sie die Schwierigkeit und verbinden das Spiel gegebenenfalls mit erstem Lesen.

Tipp Das Gleiche lässt sich beispielsweise auch für das Erlernen des Körpers machen. Eine Kombination aus Fotos und gemalten Bildern als Paare sieht sicherlich auch sehr hübsch aus.

Hierfür benötigen Sie ein Gerät mit Fotofunktion, eine App zur Gestaltung von Memory-Spielen oder ein Bildbearbeitungsprogramm, ggf. einen Drucker und ein Laminiergerät.

Zu welchem Anlass Diese Idee lässt sich im Rahmen einer Projektwoche zur Förderung des sozioemotionalen Lernens der Kinder umsetzen oder auch im Rahmen der Vorschulerziehung und kann auch an die Eltern weitergegeben werden.

Weitere Informationen Geeignete Programme und Denkanstöße finden Sie im elektronischen Zusatzmaterial zu Kap. 5.

Literatur

Viernickel, S., & Völkl, S. (2022). *Beobachten und Dokumentieren im pädagogischen Alltag.* Verlag Herder.

Open Access Dieses Kapitel wird unter der Creative Commons Namensnennung 4.0 International Lizenz (http://creativecommons.org/licenses/by/4.0/deed.de) veröffentlicht, welche die Nutzung, Vervielfältigung, Bearbeitung, Verbreitung und Wiedergabe in jeglichem Medium und Format erlaubt, sofern Sie den/die ursprünglichen Autor(en) und die Quelle ordnungsgemäß nennen, einen Link zur Creative Commons Lizenz beifügen und angeben, ob Änderungen vorgenommen wurden.

Die in diesem Kapitel enthaltenen Bilder und sonstiges Drittmaterial unterliegen ebenfalls der genannten Creative Commons Lizenz, sofern sich aus der Abbildungslegende nichts anderes ergibt. Sofern das betreffende Material nicht unter der genannten Creative Commons Lizenz steht und die betreffende Handlung nicht nach gesetzlichen Vorschriften erlaubt ist, ist für die oben aufgeführten Weiterverwendungen des Materials die Einwilligung des jeweiligen Rechteinhabers einzuholen.

Was Sie aus diesem *essential* mitnehmen können

- Kinder wachsen in einer digitalen Umwelt auf und sind schon in jungen Jahren in täglichem Kontakt mit digitalen Technologien (z. B. Smartphone, Tablet, Computer)
- Die Integration digitaler Bildung in die frühpädagogische Arbeit unterliegt verschiedenen Herausforderungen in einem Spannungsfeld zwischen Chancen und Risiken digitaler Medien, unklaren Rahmenbedingungen für eine angemessene Umsetzung im Kitaalltag, einer mangelnden Infrastruktur und individuellen Einstellungen pädagogischer Fachkräfte
- Digitale Bildung und Medien können alltagsintegriert und zur Lernunterstützung im pädagogischen Alltag eingesetzt werden
- Die Integration von Tablets kann nicht nur gezielt zur Förderung verschiedener Bildungsbereiche eingesetzt werden, sondern auch die Organisation und Administration im Kitaalltag für pädagogische Fachkräfte erleichtern
- Analoge und digitale Medien lassen sich sehr gut miteinander verknüpfen und ermöglichen es, einen ganzheitlichen, am Kind orientierten pädagogischen Ansatz zu verfolgen
- Der Einsatz und die Auseinandersetzung mit digitalen Medien fördert nicht nur die kindlichen Medienkompetenzen, sondern auch die der pädagogischen Fachkräfte und macht deutlich, wie diese ineinandergreifen und sich gegenseitig bedingen
- Dieses *essential* enthält konkrete Ideen, Beispiele und Praxis-Tipps, die eine spielerische und kindgerechte Umsetzung digitaler Medienbildung möglich machen

SPRINGER NATURE

GPSR Compliance

The European Union's (EU) General Product Safety Regulation (GPSR) is a set of rules that requires consumer products to be safe and our obligations to ensure this.

If you have any concerns about our products, you can contact us on ProductSafety@springernature.com

In case Publisher is established outside the EU, the EU authorized representative is:

Springer Nature Customer Service Center GmbH
Europaplatz 3
69115 Heidelberg, Germany

The manufacturer's authorised representative in the EU is Springer Nature Customer Service Centre GmbH, Europaplatz 3, 69115 Heidelberg, Germany. If you have any concerns regarding our products, please contact ProductSafety@springernature.com

Printed and bound by CPI Group (UK) Ltd, Croydon, CR0 4YY

23/03/2026

02076397-0010